記載於古代文獻《秀真政傳紀》中的創造神

天御祖神的降臨

大川隆法
Ryuho Okawa

台灣幸福科學出版有限公司

目錄
Contents

PART I

天御祖神的降臨
古代文獻《秀眞政傳紀》記載之創造神

第二章

探索日本文明的起源

PART II

《天御祖神的降臨》講義

第一章 《天御祖神的降臨》講義——日本文明的起源為何？——……265

第二章 提問與回答——探索日本與宇宙的祕密—— 297

PART I

天御祖神的降臨

古代文獻《秀眞政傳紀》記載之創造神

前言

這是一本極為不可思議之書。

作為我的第兩千五百本著作，或許本書才是現代版的《秀眞政傳紀》。

透過本書，我向日本人傳達，日本的文明化歷史並非僅止於三千年，而是三萬年。並且，我還教導了人們異於現代的常識——日本文明還曾傳遞於歐亞大陸及穆大陸。

甚至，我還講述了記載於日本神話當中的創造神「天御祖神」，是源自於仙女座銀河的彌賽亞。書中描述了他從天而降的模樣，可謂是「世界首見」的記載。雖然他仍舊是個充滿謎團的靈性存在，但首先，我希望各位能夠經得住這般知性上的衝擊。

二〇一九年　一月十三日

幸福科學集團創立者兼總裁　大川隆法

靈言現象

所謂「靈言現象」，是指另一個世界的靈魂存在，降下言語的現象。這是發生在高度開悟者身上的特有現象，並有別於「靈媒現象」（即人陷入恍惚狀態、失去了意識，由靈魂單方面說話的現象）。當降下外國人靈魂或外星人的靈言時，發起靈言現象之人亦可從語言中樞選擇需要的語言，因而可用日語來講述。

然而，「靈言」終究只是靈人本身的意見，其內容有時會與幸福科學集團的見解相矛盾，特此注記。

第一章

天御祖神是何種存在

二〇一五年十月三日　靈示
收錄於東京都・幸福科學總合本部

天御祖神

相當於比《古事記》、《日本書紀》還要古老的古代文獻《秀眞政傳紀》所記載的「元祖」之神。在幸福科學當中，認定為他與耶穌所稱之「天父」為同一個靈性存在。

〔三位提問者，分別以A・B・C標記〕

1　探索日本的根本神「天御祖神」的祕密

幾乎找不到關於「天御祖神」的史料

大川隆法　或許從某種意義上來說有點遲了，今天（二〇一五年十月三日）我想試著針對「天御祖神」進行調查。

為此，職員在事前準備了一張資料，我心想這資料究竟是從哪裡蒐集而來，仔細一看才發現原來那全都是匯集了我過去所撰述過的內容。

那些是從《日本神道的幸福論》、《邁向真實的和平》、《大東亞戰爭的真實──印度帕爾法官的靈言》（均為幸福科學出版發行）的後記當中所擷取出來。

參考我自己過去撰寫的內容，雖然有點無可奈何，但也可說關於這方面的內容，非常地欠缺相關資料。

關於「天御祖神」的日文讀音，也不知道應該是念做「Ame-no-Mioya-Kami」，還是「Ame-no-Mioya-no-Kami」，抑或是「Ame-no-Mioya-Gami」。日本沒有祭祀著他的神社，所以實在不得而知。

從我看來，除了《秀眞政傳紀》以外，他可能還有被記載於其他文獻中。

不過，在日本歷史當中，其實《秀眞政傳紀》本身尚未被認可為正史。因此我們無法確定它是否真的比《古事記》、《日本書紀》還早出現。又或者，有一說那可能是在江戶時代後期所編撰的內容。

然而，《秀眞政傳紀》所使用的「秀真文字」是一種非常獨特的古代文字。這文字與伊拉克系統的古代「楔形文字」有著相似之處，並且也相似於埃及一帶的文字。

從字形來看，那些文字大致上都源自於相同的根源，因此若真有

美索不達米亞文明所使用的古代「楔形文字」。

古代埃及所使用的象形文字的其中一種「聖書體」。

在漢字傳來前的日本所使用的神代文字的其中一種「秀真文字」。

人在中世紀撰寫了此書，此人就必須有著能創造人工語言，譬如拉丁語或梵語等語言的能力，否則無法寫下此書。

不論怎麼說，事實上，越是回溯日本歷史，就越是令人費解。

並且，歷史學家在解讀過去文明之時，總是傾向利用考古學的方法，但那般挖掘古物的方式，頂多只能挖出貝塚、土器、青銅鏡、刀劍等東西而已。那種做法無法得知過去是否真的存在過高度文明或信仰。

換言之，若是天御祖神的時代，真的比《古事記》、《日本書紀》的時代還要古老的話，那會是何種樣貌呢？或許當時人們還處於古早的土葬時代，有著將屍體對折並葬於土裡，之後再把大石頭放在上方的習俗，實在是有著難以知曉的一面。

《古世記》、《日本書紀》、《秀眞政傳紀》所記載的「起始之神」的差異

大川隆法 推測在西元七一二年出現的《古事記》，是以日本文（變體漢文）所撰寫，其內容有著非常強烈的神話性質。

另一方面，推測在西元七二〇年出現的《日本書紀》，則是以漢文體所撰寫的書物。這本書物，估計是為了向國外，特別是為了向中國展示日本的歷史所寫，繼而相當多具神話性的內容都被省略。

・登場於《古事記》中的神

若仔細看《古事記》中的內容，就會發現最初登場的神是天御中主神。他

被描述為「天的中心、宇宙的中心神」。並且作為「獨身之神」，他既沒有結婚，也沒有肉體，是如同天空神一般的存在。

・登場於《日本書紀》中的神

另一方面，《日本書紀》與《古事記》的出現時期，雖然推測僅僅相差八年而已，但在《日本書紀》當中，它將《古事記》中一開始出現的神全部略過不提，並將途中出現在《古事記》的「國之常立神」，作為最初登場的神明。「起始之神是國之常立神」，書中是如此描繪。

・登場於《秀眞政傳紀》中的神

與前述兩本書物相比，以古代文字（秀眞文字）撰寫的《秀眞政傳紀》，似乎可以日文的五十音解讀。我雖然不瞭解其原理，但是研究專家似乎有辦法解讀。的確，若以解讀古代埃及象形文字的方式進行分析，或許就能與五十音一一對照。

我感覺那並非是日本人的文字，並且與漢文，也就是中國及朝鮮一帶的漢字，也有著相異之處。

相較於《古事記》和《日本書紀》，《秀眞政傳紀》採取著不同的見解，書中載明「天御祖神」為起始之神，其二為「天御中主神」，其三為「國之常立神」。至今，我只在這本書物當中看過天御祖神出現。

並且，此書還說道「國之常立神」為初代天皇，換言之，他是抱持著肉體轉生於世間。但書中又描述國之常立神回到天上界之後，變成了「天御中主神」。因此這部分似乎存在一些矛盾。

如何看待「天照大神是男神」之說

大川隆法　此外，有一說「天照大神是男神」，《秀眞政傳紀》強烈地呈現這一點。

閱讀《秀眞政傳紀》，就會發現當中多次提及天照大神，但《古事記》與《日本書紀》卻沒有出現那麼多次。並且在《秀眞政傳紀》當中也描述，天照大神在治理世間之時，接受了來自天上界的天御祖神的指導。

與此相比，《古事記》描述，天照大神一直以來都身處於天上界，其孫子「邇邇藝命」，以天孫降臨之姿轉生於高千穗峰，成為了天皇家族的祖先。這意味著從邇邇藝命之後，才持有肉體轉生於世間。

然而，在《秀眞政傳紀》中，天照大神則被描述為曾持肉身存在於世間。

並且，還是一位擁有妃子的「男神」。此書還多處記載了妃子的名字，以及他們之間誕生了孩子一事。

我對這般記述並不是沒有疑問，但是由於歷代的天皇皆由天皇家的男系出身的男生所繼承，並且人們又視天照大神為天皇家的肉體祖先，於是人們從戰前就將天照大神視為男神。

但是，若是僅看《古事記》，天照大神並非是肉體祖先，而是天上界之神，且持有肉體的是他的孫子邇邇藝命以後的世代。所以從此書來看，無法斷定天照大神就是天皇家的肉體祖先。

假如《秀眞政傳紀》寫的是事實，天照大神真的曾轉生於世間，並且擁有妃子又生了孩子的話，那麼的確就能說天照大神曾有過肉體。

而且，若他真的是男性，就意味著作為男神的天照大神的子孫即是天皇。

也正因如此，就無法排除在《古事記》與《日本書紀》問世以後，天皇家族為了正當化自身地位，進而編撰了《秀眞政傳紀》的可能性。話雖這麼說，端看此書與古代文字的關係時，又會令人感覺不可思議。

附帶一提，《秀眞政傳紀》中所出現的「月讀命」與「須佐之男命」也被描述為男神，因此日本歷史中的「三貴神」皆被描述為男神。

《古事記》與《日本書紀》之中，記載了這樣的故事。為了洗淨伊邪那美的汙穢，伊邪那岐大神從黃泉之國歸來之時，在阿波岐原進行了祓禊儀式。最初，他洗清左眼，進而生出了天照大神，再來洗清右眼，進而生出了月讀，之後再洗鼻子，生出了須佐之男，這三位即稱為「三貴神」。除此之外，伊邪那岐大神在洗淨他的武具等其他部位時，也生出了大約十個人，其中也包含了女神的存在。

但不論如何，那些都是充滿神話色彩的內容，詳情不得而知。

只不過，天照大神在《古事記》中被描述為「女神」，但在《日本書紀》中卻以可被解讀為「男神」的方式描述。這兩本書物分別於七一二年與七二〇年製作，在同一個時期於朝廷所製作的書物來說，其內容過於矛盾，著實令人費解。

然而，從靈性角度來看，經由我們的調查，天照大神的靈魂之中，的確存在著男性靈與女性靈。所以從靈性角度來說，天照大神的確有著兩種性別。

因此，與其說是人們查證了天照大神在世時的性別，不如說是過去能夠降神的靈媒，在降神之際，將自己所看到的性別撰寫到了書中，繼而才產生了矛盾。

不論怎麼說，《古事記》與《日本書紀》皆是從日本各地的《風土記》※當中挑選內容，進而編撰而成的書物，所以在內容上應該有經過一些取捨。

「神明並沒有性別之分」之說

大川隆法　有一說，持統天皇（六四五至七〇三年）是為了正當化自己作為女性統治者的立場，才將天照大神當作女性。綜觀現今日本神道、皇室、神社系的主流看法，天照大神大多也普遍被視為女神。

附帶一提，我曾去過位於高千穗的天岩戶神社，入口處佇立著一個瓜子臉、身材苗條的天照大神銅像。此外，神社

※ **風土記**　記載各地之「文化風土」、「特產物」、「地名由來」、「傳說」等的報告書。依據713年元明天皇之詔書所編纂而成。數十國中流傳到現在的只有出雲、常陸、播磨、肥前、豐後五國的風土記，湊齊全套的只剩《出雲風土記》。

當中還掛著一幅圖畫，描繪著天照大神以光輝的女性之姿，從天岩戶出來的模樣，宛如就像耶穌・基督復活一般。所以我想現今主流的看法還是以女性為主。

再者，觀看人們在二次大戰前及戰中閱讀以《教育敕語》為撰寫基礎的修身之書，也都將天照大神描述為女性。所以我想天照大神的女性形象，早在那時期就已被普遍接納。

至今我們也調查過各式各樣的人的前世，發現同一人可能會在過去生為男性，亦可能生為女性，所以或許不需要過於拘泥於性別。

的確有一說「神沒有性別之分」、

立於天岩戶神社的天照大神像
（宮崎縣西臼杵郡高千穗町）。

「如來以上的存在，就不再存在男女之分」、「神明都是中性的存在」。

我想神確實有著如此一面。神本來就是兼具父親與母親兩者的面向，所以性別僅是宿於肉體時的姿態而已，在靈界當中，或許就是不存在性別之分。

天御祖神與毗濕奴神的關係為何？

大川隆法　在我的《日本神道的幸福論》一書當中，我曾寫道「《秀眞政傳紀》當中，天御中主神會以天御祖神的分靈出現」、「因為《古事記》當中沒有提及摩西在《舊約聖書》中所撰寫的創世紀故事，於是人們將那部分納入到了《古事記》當中」。

附帶一提，似乎天理教的教祖中山美伎是我母親的前世（參照幸福科學出版發行《天理教開祖 中山美伎的靈言》）。中山美伎所撰寫的《泥海古記》當中，描述著一段超古代、九億年以前的創世紀故事。故事的開頭是由一隻非魚、像烏龜的生物，在一片名為「有明海」，滿是泥土的海當中游動作為開始。我想一個宗教若想成為世界性的宗教，都會需要諸如此類的創世紀的內容。

此外，《邁向真實的和平》的後記當中，我也寫道「我就是從天上指導耶穌．基督的存在，亦是他稱為『天父』的存在。那天父之存在，其實與日本神道中的天照大神的先驅『天御祖神』為同一靈性存在」。

再者，在《大東亞戰爭的真實─印度帕爾法官的靈言》的後記中，我大膽寫道「宇宙存在著一個根源神，他在印度靈界被稱為毗濕奴神，在日本靈界被稱為天御祖神。此外，作為分光神，還有各種其他高級靈的存在」、「日本文明的根源是穆文明，印度文明的根源是雷姆利亞文明，這兩個文明都是被同一個世界神所指導」。

在《太陽之法》（台灣幸福科學出版發行）當中，我並沒有提及毗濕奴神與愛爾康大靈之間的關係。那應該是因為，當時三十歲左右撰寫《太陽之法》的我，還沒有在頭腦中將兩者連結起來。

今後毗濕奴神的定位可能會有所改變？

大川隆法　的確，過去被稱為婆羅門教的印度教當中，毗濕奴是擁有著壓倒性力量的神。他被視為根源神的存在，就連釋迦牟尼佛也被看作是毗濕奴神的分身之一。

就像他的神像一樣，毗濕奴神有著非常多的臉孔，其中包含了佛陀的臉。因此，印度教將佛教納入印度教當中，這就是印度的現狀。

從這層意義來說，印度教並沒有否定佛教，而是將佛陀理解為毗濕奴神在地上所顯現出來的姿態之一。

以前撰寫《太陽之法》時，我並未試圖深入理解，而僅是將印度教視為一個民族宗教。但現今，印度擁有十三億人口，再過不久就會超過中國的人口。

印度現在正要成為世界的大國，同時也有人預測印度將會與中國爭奪世界霸權。因此，作為民族宗教的印度教，或許會在今後演變為世界宗教。若是如此，毗濕

毗濕奴神的10個化身。

奴神也可能會因此升格為「世界神」。

印度的宇宙觀與外星人的靈性解讀非常相似

大川隆法　關於毗濕奴神有著諸多說法，譬如「包括地球、銀河等整片宇宙，皆是毗濕奴神於天上界的蓮花葉上睡午覺時，在他的夢中所浮現的世界」，如此說法的規模相當龐大。但其實我在本會的外星人靈性解讀※以及我的講演中，也時常講述諸如此類的內容。

譬如，我曾在講演會講述過※，「我們所看到的宇宙，其實就像是在真正的宇宙當中所漂浮的小泡泡一樣。那宇宙

※　**外星人靈性解讀**　追溯過去世是從宇宙飛來，現在轉生為地球人對象之「靈魂的記憶」，喚出宇宙時代的意識與其對話。參照《外星人解讀》、《與外星人的對話》（皆為幸福科學出版發行）。

※　**曾在講演會講述過**　參照幸福科學出版發行《何謂極致悟境》。

中漂浮著非常多那樣的泡泡」、「我們所屬的銀河系的宇宙，相當於整體宇宙的右眼部位」。

如此看法與毗濕奴神的宇宙觀極為相似。

講演時我不會事前準備稿子，僅是照著靈示講述，所以我不知道其內容的出處為何。的確宇宙可能有如此一面。今後，隨著更多靈性解讀及發現，我想這般宇宙觀還有變動的餘地。

尤其本會的傳道在印度正蓬勃發展，所以或許將毗濕奴神與愛爾康大靈合為一體去解釋，能獲得更大的共鳴。或許我們可以更簡單地和當地民眾解釋，「不認識愛爾康大靈嗎？他就是毗濕奴神」。也許將兩者連結起來，在傳道上會更為便利。

雖然猶太民族之間，屢屢出現「世界神」，但他們在全世界僅有約一千數百萬人而已，那與印度的十三億人口相比非常的微小。

因此，我們或許要從傳道的角度，稍微考量到這一面。此外，印度時常與巴基斯坦對戰，但若是能和印度人說「他們所信的阿拉其實與毗濕奴神是同一存在」的話，兩者之間或許又能夠產生連結。當然，我不知道當地人是否能接受如此事實。

因此，照理來說應該是先針對天御祖神進行一番調查之後，再講述這方面的內容，但由於在調查之前，我已在各種書籍當中提到了關於天御祖神的話題，所以我這才先行解釋了一番。

對天御祖神進行召靈

大川隆法　不知道召喚了這個神明之後，究竟會出現何種存在。我在過去沒有召喚過他，所以不知道會出現什麼。

或許出來之後他會說「我是拉·穆」，又或者是說「我是佛陀」，又或者是其他人物，抑或是直接以「天御祖神」的身分出現。

如前文所述，在《秀眞政傳紀》當中，日本第一大的神為天御祖神，第二是天御中主神，第三是國之常立神。但不可思議的是，我在此書發現「天御祖神曾經降生於地上一次」。

「這初始之神、根源神曾轉生於世間」，究竟是怎麼一回事呢？若他真的曾降生於地上，若非轉生在日本或者是和日本有所關聯的地方，那就有點奇怪了。又或許在古代日本，曾經存在過他的分靈，對此實在不得而知。

或許，他在靈言當中會說「自己曾在距今一萬年前降臨於世間，打造了日本國」，這也不是不可能。

總之，他是一個充滿謎團的存在，所以不知在召靈之後，他是否會出現。若是出現了，他又會以何種名字出現？畢竟神有著多種面貌，又有著非常多的名字，所以著實難以想像。我也沒有召喚過他，實在是難以得知。

假如他以「天御祖神」之名，與各位對談的話也無妨，請各位提問出各種問題，以便理解他整體的輪廓。

以上就是開場白。

那麼我現在就進行召喚，剩下的就拜託你們了。

提問者A　好的。

大川隆法　有可能會在五分鐘左右就草草結束也說不定。

（拍一次手）

那麼，（拍一次手）在這幸福科學總合本部，我想要召喚天御祖神。

天御祖神啊（拍一次手）、天御祖神啊（拍一次手），請降臨至幸福科學總合本部（持續緩慢拍手），請為我們揭示您作為日本的根源神、根本神，在世間達成了何等偉業，又以何等方式指導了人們。

天御祖神啊、天御祖神啊、天御祖神啊。請降臨至幸福科學總合本部，揭示您在這日本之地真實的樣貌。

天御祖神啊、天御祖神啊、天御祖神啊……。

（大約沉默二十秒鐘，並以一定的節奏持續拍手）

（大約沉默三十秒鐘）

2 道出異言的天御祖神

天御祖神與印度神明的關係為何？

提問者A 請問您是天御祖神嗎？

今天由衷感謝您降臨至幸福科學總合本部的禮拜室。

天御祖神 嗯……。嗯……。（拍打兩次手、大約沉默五秒鐘）嗯……。

提問者A 關於天御祖神，連我們日本國民也很陌生。您的名字僅出現在非正史的古代歷史文書《秀眞政傳紀》之中，因此我們只有看到您的一小部分而已。

天御祖神 嗯……。

提問者A 為了照亮新的日本歷史的未來，今天我打從心底盼望您能給予我們一些指導。盼望請您賜予我們一些訊息。

天御祖神 （一邊闔眼、一邊將頭部慢慢向左右轉，大約沉默十秒鐘）

Unn……。（大約沉默五秒鐘）Ahh... Umm... Ahh... Umm... Ahh... Umm... Ahh... Umm... UMM... UM MUKUNDAKARA POKOLO ENDORO YOOTOOKO UMM GAERUS TOROMINUKUSURABDARA OKO EN EE WOOTZAI KONTSU AGLOO EE...（以下，繼續）。

提問者A　（苦笑）

天御祖神　OIZOROKO KAHBEERU REKKUIYA KUIYARA DOKOROBUSSARADEKO EINYAGAKORA GUDURU OWA ABRUTOKAGAPEKARAKUITTE GOIGOIJIARAPU.

提問者A 天御祖神，感謝您賜予我們話語。

只不過，我們似乎有著語言上的隔閡……，我們難以正確感受到您的心念。

天御祖神 BUIYAGAKIKOTSUITEKIKOROPOISSHUJO SHOO TZE SUIKEIKU KOAU! DE GUI SHEEBOTSU DOO SOO DOO CHI KII? KAIYESHOO ROOROOROODA…（以下，繼續）。

提問者A 我理解了，我好像大概可以理解了。您是不是在講述您創造宇宙的時候的故事呢？

天御祖神　Hmm... YA... OON ISH... SHOO!

提問者A　您是說您打開了很多扇門，讓許多靈魂得以出來？

天御祖神　AH, GOOREDIKII, WOOSUROORUSUROOSUROOSUROO SUROO AA EE WOOIRI ARABUNKIYARAKKEEDI SUIRYA SUIYA GOGOARA TEGEBISSHIERAKU.

提問者A　我理解了，我開始進入狀況了。這感覺與過去印度教的神明的靈言有點相似……。

天御祖神　AME-NO-MIOYA-GAMI TZARA GAOUCHIAANO SHWAERABOBUGHAAI KUIRI! KUIGRI GUIGUILGUILGUIL DIAGOSEI!

提問者B　冒昧請教，請問您是毗濕奴神嗎？

天御祖神　（以略為強勢的語氣）NOGEGAGOGOTTETETI GOOLIN! DADA JISH! AHH! BOCHU SHAISHA! OUGEURRUIDIGGOHH BUISH!

提問者B　不是？

提問者A　請問您對「日語」還留有記憶嗎？我想您與日本的淵源應該很深才對……。

天御祖神　AHH... UZUROOUZU KOHH OONNURU HOUNNOROUIIYOU GUIGUIABORESSHUA BORUSSHUA BOHHWICHAA WITCHAA RUHKYA KWAEIISHUU DOGOGODOGO DODODO KWICHIKORO BOGOROBOGOROTAHH WI!

提問者A　謝謝您。

請問天御祖神是否和喬答摩．悉達多、釋迦牟尼佛有什麼緣分，或者有什麼相關的記憶嗎？

天御祖神　嗯……。

提問者B　根據本會的靈查，愛爾康大靈的分身在八萬年前曾降生於印度。請問您是那八萬年前的分身嗎？

天御祖神　（大約沉默五秒鐘）

提問者B　不知道嗎？

提問者A　我現在知道了「您表現出了不知道的感覺」（苦笑）。大川隆法總裁先生曾以「最新靈界情況」為題講述過法話，在這個法話當中，總裁先生說他曾做了一場夢，在夢中他飛到印度須彌山的山頂上，並在那裡被認定為印度諸神世界當中最偉大的神，其名字稱為「蘇利耶」（Surya）（參照台灣幸福科學出版發行《靈界散步》）。請問您是否與蘇利耶神有什麼關係，或有什麼相關的記憶呢？

還是說這方面您也不清楚？

與天空神安努的關係

提問者B　那麼，您有聽過「天空神安努※」的名字嗎？

※ **天空神安努**　古代蘇美的最高神。根據幸福科學的靈查，就是地球神愛爾康大靈。參照幸福科學出版發行《選擇宗教的時代》。

天御祖神　（大約沉默三秒鐘）HAA... HAAOO.

提問者A　您是降生到了世間嗎？不是。這我懂了，我越來越懂您的意思了。

天御祖神　（咂嘴）AH... HA... UMM... AH... UMM, A... UMM... UMM, UMM, UMM, UMM, UMM, UM! A, UMM, UMM, UUMM. UMM... UMMMM! AHH!

提問者A　我感覺您似乎開始想起了某些東西？

天御祖神　（動起雙手，並開始哼唱）AA, AHH, UMM UMM, UMMM, KUIARAKE, KUIARAKE, KUIARAKE, KUIARAKE. UMM, KUIARAKE, KUIARAKE, KUIARAKE, KUIARAKE. UMM. AAANUUU（拉長大約十秒鐘）……（以下，繼續）。

提問者A　天御祖神，不好意思，請問您是在召靈嗎？

天御祖神　OHH AHH UMM.

提問者A　這旋律似乎有點像日本神道的神妙音律。

天御祖神 UMM.（一邊改變音調）UMM MUUH.

提問者A 這是召靈的歌嗎？您是否在掌管著某個靈域，在創造著某種神聖領域呢？（大約沉默三秒鐘）請問您是天空神安努嗎？（大約沉默三秒鐘）天御祖神？

天御祖神 （用右手食指向下指兩次之後，在臉前將右手往左右晃動）

提問者A 您是要我們下去的意思嗎？您降生到了世間？還是說，您是不能降生於世間的？

天御祖神 （將雙臂交叉在胸前）

提問者A 錯了？

天御祖神 （一邊用右手食指向下指）AAANUU.

提問者A 啊啊……，您是指您是作為天空神安努降生到了世間？

天御祖神 （將雙臂交叉在胸前）

提問者A 欸，這也錯了（苦笑）。

提問者B 那麼，您是來自宇宙嗎？

天御祖神 （拿起桌上的濕毛巾）AAANUU.（放下濕毛巾，並在上面置放一瓶玻璃杯）

提問者A 啊啊，您的意思是，您指導了安努嗎？您從宇宙或者是天上界，指導了在美索不達米亞的天空神安努，是這樣嗎？

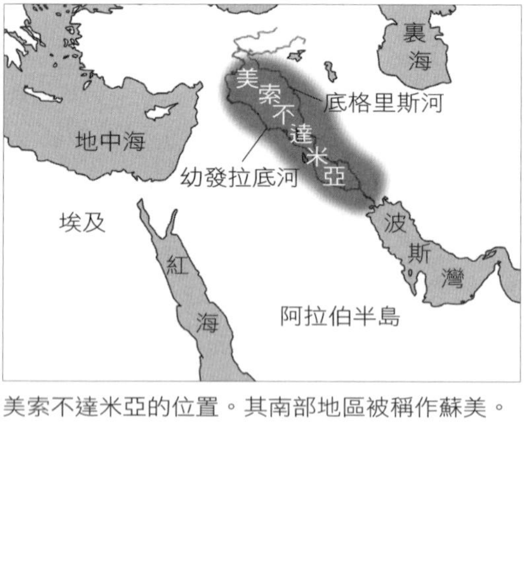

美索不達米亞的位置。其南部地區被稱作蘇美。

天御祖神 （微微地多次點頭）

提問者C 那麼，我們可以理解您為根本神、根本佛的存在嗎？

天御祖神 （將食指指向右邊的太陽穴，大約沉默十秒鐘）

3 運用「秀眞文字」進行靈言

天御祖神曾指導過古代日本？

提問者A （取出一塊板）天御祖神，請您看一下這一塊板子，這是古代日本史《秀眞政傳紀》的文字。

天御祖神 （小聲地說）嗯……。

提問者A 這文字與美索不達米亞的蘇美文字及楔形文字，有一些相似之處。請問您認識這些文字嗎？

天御祖神 （大約沉默五秒鐘）（向提問者A伸出右手，並拿取文字板）

※以下，「」當中的大文字是天御祖神指出秀真字母後，由提問者讀取出來的文字。

天御祖神 （依照順序開始指出秀真文字板上的文字）

「**我是天御祖神**」

提問者A 啊，我完全瞭解了。果然天御祖神是真實存在的啊！由衷感謝您降臨於此。那麼，您能用古代日本的文字與我們溝通，是不是就意味著您曾指導過古代日本呢？

天御祖神 （點頭）

提問者A 楔形文字和秀眞文字很相似，而您又曾經指導過古代蘇美等文明，這兩者之間是否有什麼關聯性或密

上面是秀真文字「AWAUTA」的一部分（出自小笠原長弘抄本HATUAYA）。

切的關係呢？

天御祖神　（手指指向秀眞文字板上的文字）

「宇宙神」

提問者A　啊！原來您是宇宙神啊！

天御祖神　嗯。

提問者A　如果是超越地球神的宇宙神，那會是相當巨大的存在。我想確認，您是如此巨大的存在嗎？

天御祖神　嗯。

提問者Ａ　「天御祖神是宇宙神」，原來是這樣啊！您並不是掌管著天上界，而是掌管著整個宇宙嗎？

天御祖神　嗯。

天御祖神現在究竟在何處？

提問者Ａ　您是否持有過肉體呢？還是一直存在於宇宙當中呢？

天御祖神　嗯嗯——。（手指指向秀眞文字板上的文字）

「現在我在仙女座」

提問者A　啊啊，您是仙女座※的神？那麼您是從仙女座星雲來到地球的嗎？

天御祖神　嗯。

提問者A　由衷感謝您從如此遙遠的距離、空間來到這裡。

天御祖神　嗯。

※　**仙女座**　距離包含太陽系的銀河系約250萬光年，規模約是銀河系2倍的螺旋星系。目前約以秒速100km的速度往銀河系靠近，預估40億年內會產生碰撞。

提問者A　根據大川隆法總裁先生的外星人靈性解讀，我們發現日本神道當中有著仙女座存在過的痕跡。那是不是與您有關係呢？

天御祖神　（手指指向秀眞文字板上的文字）

「日本神道的起源就是仙女座」

提問者A　我們現在收到了「日本神道的起源就是仙女座」的重大訊息！

天御祖神與天照大神的關係為何？

提問者A　那麼當時您有指導天照大神嗎？

天御祖神　（手指指向秀眞文字板上的文字）

「天照是太陽系」

提問者A　您是說天照大神是太陽系的神？

天御祖神　嗯、嗯。

提問者A　這樣啊……。是一個另外獨立存在的太陽系的神？

天御祖神　嗯。

提問者B 那麼您與國之常立神又是什麼樣的關係呢？

天御祖神 嗯。（手指指向秀眞文字板上的文字）

「**地球**」

提問者A 啊，天照大神是太陽系的存在，國之常立神是地球的存在？

天御祖神 嗯。

提問者A 然後您現在位於仙女座？

天御祖神　嗯嗯嗯。

提問者A　這樣啊……。請問國之常立神是地球之神嗎？

天御祖神　嗯。（手指指向秀眞文字板上的文字）

「農耕之神」

提問者A　啊……。國之常立神是農耕之神，所以能使稻作、糧食變得豐盛？

天御祖神　嗯。

4 愛爾康大靈與天御祖神的關係

天御祖神是宇宙的起源？

提問者C　那麼我們應該如何理解您與天照大神的關係呢？

天御祖神　嗯。（手指指向秀眞文字板上的文字）

「我是起始」

提問者A 「我是起始」。

提問者B 您是說您是起始之神嗎？

天御祖神 嗯嗯。嗯嗯。

提問者A 原來如此。這是極大規模的話語，突然有點難以消化……。您是全宇宙的起始存在？

天御祖神 嗯。

與地球神愛爾康大靈的關係

提問者A　我會這麼確認，是因為我想瞭解您與愛爾康大靈之間的關係。

提問者C　您是否為愛爾康大靈的分身……？

天御祖神　嗯。（手指指向秀眞文字板上的文字）

「愛爾康大靈是我的一部分」

提問者A　請等等，您剛剛說「愛爾康大靈是我的一部分」嗎？

天御祖神 嗯、嗯、嗯。

提問者A 若是這樣，我們會感覺您是比祂還更為「上方」的存在……。

天御祖神 嗯。嗯、嗯。

提問者A 不……，對於三十年以來學習主愛爾康大靈的教義的弟子們來說，這個說法我們有點難以接受，這部分您怎麼認為呢？

天御祖神 （手指指向秀眞文字板上的文字）

「愛爾康大靈是地球神」

提問者A　「愛爾康大靈是地球神」嗎？

天御祖神究竟是幾次元的存在？

提問者B　如果是這樣……從教義來看，主愛爾康大靈是九次元存在，祂也同時被視為十四次元的存在。甚至，我們也知道根本佛是處於二十次元以上，極為高遠的存在。

天御祖神　嗯——。

提問者B　那麼天御祖神是二十次元以上，或者更為根源的存在嗎？譬如五十次元？您是身處在那般極為遙遠，人們都不知悉的世界嗎？

天御祖神 嗯、嗯……。（拿起桌上的電子時鐘，指向時鐘所顯示的十一點）

「十一（次元）」

提問者A 十一次元嗎？這……（呼吸變得急促）。請等一等，我們所學習到的是，地球靈界最高是到九次元……。您是十一次元啊！對我們如此渺小的存在而言，這實在……。

再度確認天御祖神與愛爾康大靈的關係

提問者C　非常抱歉，容我再度確認，能否再請您解釋您與愛爾康大靈的關係呢？

天御祖神　嗯……。（食指在右掌周圍畫出一個圈）

提問者A　存在於巨大的靈魂？

天御祖神　（用左手食指指向右手拇指）

提問者A 愛爾康大靈是相當於拇指的存在？

天御祖神 嗯。

提問者A 您是指天御祖神是本體，而愛爾康大靈則是相當於拇指般的存在？

天御祖神 嗯。

提問者C 我們可以理解您為愛爾康大靈的本體意識嗎？

天御祖神　嗯……？（雙手比出小圈之後，再用雙臂比出更大的圈）

提問者A　您是指祂包含在您的靈魂當中？

天御祖神　嗯！（起身，走向禮拜室正面的光背前，並指向其中心部分）

提問者A　您就是那中心……。那就是天御祖神……。

天御祖神　（向左右搖頭）

提問者A　欸？所以那中心還是愛爾康大靈？

天御祖神　（手指比劃光背一圈之後，回到席位）

提問者A　那外側就是天御祖神？原來是這樣啊……。以人的身體來比喻，是不是就像「全身」與「心臟」之間的關係呢？

天御祖神　嗯……。

提問者A　並不是這樣？

天御祖神　嗯、嗯……。

提問者A　所以愛爾康大靈並不是相當於「心臟」的存在……？那麼您是一個更大的存在嗎？比愛爾康大靈還要更大……？

天御祖神　嗯……。

提問者A　您剛剛說中間的是愛爾康大靈，而那周圍更大圈的則是您，沒錯嗎？

天御祖神　嗯、嗯、嗯。

提問者A　您的意思……愛爾康大靈是降生於地球的您的靈魂的一部分？

天御祖神　嗯、嗯、嗯。

提問者A　然後您又說您的意識現在從仙女座星雲，進入到大川隆法總裁的肉體之中，並且是個十一次元存在，對嗎？

天御祖神　嗯、嗯。

提問者A　啊……，我知道了。

為何從仙女座來到地球？

提問者B　您說到您是十一次元的存在，那麼為何您會遠從仙女座來到這個銀河給予指導呢？

天御祖神　（手指指向秀眞文字板上的文字）

「老舊」

提問者A　啊，您是說仙女座太老舊？

天御祖神　嗯。嗯。

提問者A　您的意思應該是指，地球與仙女座之間存在著時間上的差異，而並不是指哪一個文明比較高等吧？

天御祖神　嗯……。（手指指向秀眞文字板上的文字）

「地球是新的」

提問者A　原來如此，原來地球是新的啊。

天御祖神　嗯。

提問者C　總裁先生在開頭提到了「或許有點遲了」，但您現在之所以降臨於地球，是否因為地球正需要像您這般的存在呢……？

天御祖神 （右手向左右搖晃）

提問者A 不是？

天御祖神 （手指指向秀眞文字板上的文字）

「**沒我的事**」

提問者A 欸？請等一下（笑）。

怎麼突然有種冷淡的感覺……。

說了那麼多之後，又說「沒我的事」，這是……。

您是不是有別的使命呢？

天御祖神　嗯。（手指指向秀眞文字板上的文字）

「**沒有**」

提問者A　「沒有」。

天御祖神　嗯、嗯。（手指指向秀眞文字板上的文字）

「**地球已交給愛爾康大靈**」

提問者A　您已將地球交給愛爾康大靈？

天御祖神　嗯。

5 探討日本神道的起源

天御祖神是否曾降生於地球？

提問者B　在方才的事前解說當中，大川隆法總裁先生有提及「《秀眞政傳紀》記載，天御祖神曾降生於地球」，但他對於那部分抱持著一點疑問。您是十一次元的存在，您的一部分是否曾經降生於古代日本呢？

天御祖神　嗯、嗯……。（大約沉默二十秒鐘）（手指指向秀真文字板上的文字）

「很久以前，人們曾對我有著信仰」

古代日本與非洲和印度之間的關係

提問者B　您提到您是十一次元的宇宙神存在，並且人們在古代日本時期曾對天御祖神抱持過信仰。請問在超古代的日本文明當中，人們是如何知道天御祖神的存在，又如何將其記載於古文書《秀真政傳紀》呢？還有，《秀真政傳紀》是在什麼時代，由誰編撰的呢？天御祖神這名字長期以來一直都不為人知，處在神秘之中，古代的日本人是如何知道您的聖名呢？他們是如何將《秀眞政傳紀》彙整出來的呢？

天御祖神　嗯、嗯嗯……。（手指指向秀眞文字板上的文字）

「雷姆利亞」

提問者A　啊啊，您的故事是從

雷姆利亞※傳承到日本的嗎？

天御祖神　嗯。

提問者A　這樣啊……。應該是從穆大陸※傳承過來的吧？是不是先從雷姆利亞傳到穆大陸，再傳承到日本呢？

天御祖神　嗯……。

※ **雷姆利亞**　古代存在於印度洋上的大陸（拉姆迪亞大陸）。根據幸福科學的靈查，大陸於8萬6000年前浮出，從4萬4000年前開始成為以藝術為中心的繁榮文明。雖然在2萬7000年前大陸沉入海中，但其文明的一部分由當時的殖民地穆大陸繼承。參照台灣幸福科學出版發行《太陽之法》。

※ **穆大陸**　過去存在於太平洋的傳說大陸。根據幸福科學的靈查，約1萬7000年前，穆文明在拉・穆大王的統治下達到巔峰，但在1萬5300年前，大陸以三個階段沉入海中。參照台灣幸福科學出版發行《太陽之法》、幸福科學出版發行《公開靈言　超古代文明穆的大王　拉・穆大王的真心》。

提問者A　還是直接從雷姆利亞來的呢？

天御祖神　嗯……。嗯、嗯嗯……（上下點頭）。

提問者A　雷姆利亞……。那麼日本文明與雷姆利亞也有所關聯嗎？

天御祖神　嗯。（手指指向秀真文字板上的文字）

「非洲和印度曾連結在一起」

提問者A　原來，當時非洲和印度的大陸曾連結在一起啊！

提問者B 您指的是貢達阿納大陸※嗎？

天御祖神 嗯、嗯、嗯。

提問者B 好像也不是貢達阿納大陸……？

提問者A 您應該是在指大陸分裂之前的時候吧？您的教義是以那時期為起源，之後歷經了諸多文明的傳承與變遷，繼而傳承到了日本。

天御祖神 嗯。

※ **貢達阿納大陸（Gonda-Ana）** 指在《太陽之法》中被揭開的「加納大陸」。根據幸福科學的靈查，其為96萬2千年前。海底火山爆發後從海底隆起的大陸，位於現在非洲大陸與南美大陸相連的海域。76萬年前以超能力為中心而繁盛的文明。

提問者A　如果是這樣，在靈性的源流上，印度、非洲、日本是不是都連結著呢？

天御祖神　AMM... UMM BOO AN UMM UM BOO EEN ENMU... OOOOOO... AU UGUCHI DOO IYORAKATEKO JUNDOBO GUNJI SHOO SHOO SHOO ABE IGUNANGO EDISHORO SODEKUTSUWAKA KINDIGYUARA KOCCHIRABO AHH BOOSHA!

提問者A　（笑）不是吧……。我可以感受到您的念波，但是那語言……。真的很抱歉，我們實在無法理解！

天照大神是否為「男神」？

提問者A　思考日本未來的方向之時，有一點極為重要。在日本，有一個來自天照大神的血統，但關於天照大神，大川隆法總裁也感到疑問。《秀眞政傳紀》記載天照大神為男神，這也是此書長期以來沒有被納為正史的原因之一。請問天照大神為何被記載為男神呢？有什麼緣由嗎？

天御祖神　嗯……。（用手指指向秀眞文字板上的文字）

「在熱的國家，太陽是男性」

提問者A 是不是因為在熱的國家，人們都抱持著「太陽神是男神」的印象呢？那麼天照大神其實是女神嗎？

天御祖神 （手指指向秀眞文字板上的文字）

「在冷的國家，是女性」

提問者A 太陽神在熱的國家是男性，在冷的國家是女性？

天御祖神 嗯。嗯。

提問者C 那麼，天照大神是否曾在日本，以男性的天皇身分出現過呢？

天御祖神　（大約沉默五秒鐘）（將手掌朝上、聳起肩膀）

提問者A　您的意思應該是……「不知道」吧，我瞭解了。那麼，天照大神是不是僅在理念上被視作為男神，但實際上在世間是持著女性的肉體呢？

天御祖神　（將手掌朝上、聳起肩膀）

提問者A　不知道啊，原來如此。好的。

6 天御祖神與毗濕奴神的關係

與毗濕奴神的關係為何？

提問者A　我能再問一個問題嗎？針對這問題，您的回答應該會在今後帶給地球非常大的影響。

印度現在是個大國之一，現今擁有十三億人口。而印度教所信奉的中心神之一為毗濕奴神。我們現在正在探究您與毗濕奴神的關係。

天御祖神 嗯。

提問者A 方才您有提到「非洲與印度是連結在一起的」，您與毗濕奴神是否有什麼關係呢？

天御祖神 嗯……。（用手指指向秀眞文字板上的文字）

「堂兄弟」

提問者A 堂兄弟啊！如果以人際關係來做比喻，毗濕奴神跟您就是堂兄弟的關係？

天御祖神　嗯。

提問者A　若要將「諸神的世界」，用人類的親屬關係來比喻的話，他跟您之間是相當於「堂兄弟」之間的關係。

天御祖神　嗯。嗯。

提問者A　您創造了諸多那般神明的存在嗎？

天御祖神　嗯、嗯、嗯。

與金星統治者愛爾米奧靈的關係為何？

提問者A　（對會場的聽眾提問）有什麼問題想要問的嗎？

（從會場傳來「愛爾米奧靈※」的聲音）

提問者A　好。會場聽眾想問您與愛爾米奧靈的關係為何。

天御祖神　嗯……。（用手指指向秀眞文字板上的文字）

「右眼」

※ **愛爾米奧靈**　在地球有人類誕生之前就存在，創造金星文明的大靈。後來被招至地球成為地球最初擁有人格的大靈，名字改為愛爾康大靈。參照《太陽之法》。

提問者A　右眼？愛爾米奧靈就是相當於您右眼的存在？

天御祖神　嗯。

提問者A　確認一下，是愛爾米奧靈喔，金星的統治者。

天御祖神　嗯。

提問者A　這樣啊……。

提問者B　現在的資訊規模實在是太大了，一般人聽了之後恐怕無法跟上……。

天御祖神（手指指向秀眞文字板上的字母）

「**不是人類**」

提問者A「天御祖神不是人類」的意思？

天御祖神嗯。嗯。

7 日本接下來的任務為何？

埃及、印度、日本都是相連結的？

提問者B　作為天御祖神，您畢竟出現在日本神道的教義當中，所以我想請教您，日本神道眾神的教義在地球處於何種定位，又有著何種使命呢？

本來您的聖名是被隱藏起來、無人知曉，但如今出現在此時的靈言當中。在您的指導之下，日本神道出現了各種不同的神靈。我想請教日本神道在這地球、宇宙當中，有著什麼樣的意義呢？

天御祖神　嗯……。（手指指向秀眞文字板上的文字）

「埃及、印度、日本」

提問者A　您是指埃及、印度、日本都是相連結的嗎？在靈性上，都流淌著同樣的光流？

天御祖神　嗯。嗯。

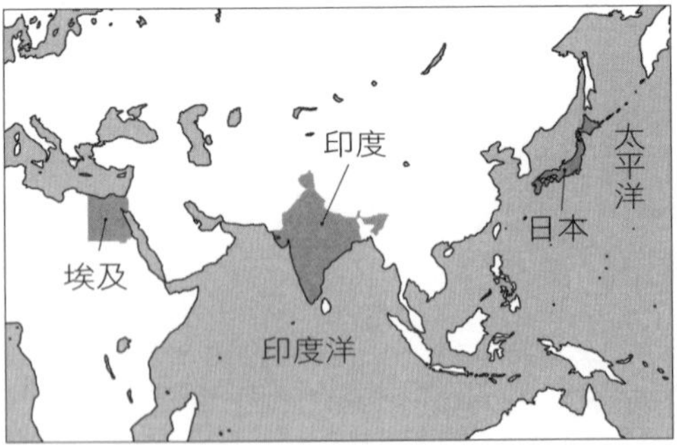

提問者A　這樣啊……。原來這些國家都有很深的緣分啊！

日本接下來的使命是？

提問者B　那是不是意味著，日本在地球當中持有著非常高的靈性磁場，且為了讓信仰心扎根於地球上，日本是極為重要的國家呢？

天御祖神　嗯……。（手指指向秀眞文字板上的文字）

「最後」

提問者A　最後？

天御祖神　嗯。

提問者B　您的意思是，這是最後一次機會嗎？

天御祖神　嗯、嗯、嗯。

提問者A　這是指「之後就結束了」？

天御祖神　嗯。

提問者A　不、不、請等一下。可以再請您給我們一個提示嗎……？

天御祖神　嗯……。（用手指指向秀眞文字板上的文字）

「下一步是宇宙」

提問者A　接下來是宇宙？埃及、印度、日本之後的下一步就是宇宙？您的意思是，我們人類需要開展宇宙的文明嗎？

天御祖神　嗯……。

人類會撤出地球嗎？

提問者A　啊啊……，所以您今天才會從仙女座降臨於此……。大川隆法總裁擔任製作總監的電影「幽浮學園的祕密」在二〇一五年十月十日開始在全日本上映。您是期待目前作為「幽浮資訊落後國家的日本」、「宇宙資訊極少的日本」能夠為世間啟蒙宇宙之事嗎？

天御祖神　（手指指向秀貞文字板上的文字）

「規模太小」

提問者A　啊啊，我講的規模太小了啊，實在是非常抱歉。那麼您說的「下一步是宇宙」的意思是，要將地球轉換為宇宙文明嗎？

天御祖神　（向左右搖頭）

提問者A　也不是這個意思。

天御祖神　嗯……。（手指指向秀眞文字板上的字母）

「**出去**」

提問者A　啊，您是說地球人會從地球出去？

天御祖神　嗯。

提問者A　但根據大川隆法總裁的教義，「太陽的壽命尚會持續燃燒約五十億年」、「地球被允許作為靈魂修行的生存環境」……。還是說，您的意思是人們會分為「留在地球上的一批人們」及「前往宇宙的一批人們」兩派嗎？抑或者，地球的功能將完全消失，所有人都必須前往宇宙？

天御祖神　啊啊，嗯……。（手指指向秀眞文字板上的文字）

「阿呆」

提問者A　啊……，「阿呆」嗎？（笑）（會場笑）。不……。您還有沒有其他提示呢？

提問者C　非常抱歉。因為您所說的規模都太大，我們有點跟不上。您是否可從您的角度賜予幸福科學的信徒一些建議呢？

天御祖神　嗯……。（大約沉默十五秒鐘）（手指指向秀眞文字板上的文字）

「**出局**」

提問者A　您賜予了我們「出局」的靈示……。您是指「從結論上而言，我們已出局」，還是說「我們正邁向出局的方向」呢？

天御祖神　（手指指向秀眞文字板上的文字）

「阿呆」

提問者A　這是第二次……（笑）（會場笑）。但若用禪修問答的方式來思考，我似乎漸漸開始瞭解您的意思。您是不是在傳達地球現在正處於非常危急的狀況呢？還是說，您對現狀感到失望呢？我認為在您那一句話的背後，對於我們無法成就使命，透露著一種嚴厲的心念。我是這麼感受的。

天御祖神　（大約沉默五秒鐘）（將手掌往上翻）

提問者A　嗯。原來如此。

天御祖神　（將左手掌往上翻，置於身體前方，並將右手握緊，拇指往上指）

提問者A　這是什麼呢？這是一種手印嗎，應該是有某種意義……。

天御祖神　（手指指向秀貞文字板上的文字）

「我想回去了」

提問者A　「我想回去了」（會場笑）。我瞭解了！

非常抱歉增添了您靈性上的負擔，勞煩您與我們凡人、愚人對談。

由衷感謝您從遙遠的仙女座星雲，降臨到地球日本的幸福科學總合本部禮拜室。

誠心地感謝您的指導。

大川隆法　（用力拍兩次手之後，再連續拍幾次手）好。

8　天御祖神應該是離開了地球一段時間

天御祖神以仙女座為主體

大川隆法　嗯。他似乎比我們想像中還要偉大。

他並不是人類，或許不曾轉生為人類。

提問者A　是。

大川隆法　他說的話非常單純且規模龐大，所以有點難以捉摸，但也只能先這樣去理解了。

天御祖神對地球有所影響時，地球的樣貌與現在不同，所以他應該是源自更古老的時代。

但他與「人類的起始」是否有所關連，還有一些難解之處，我還不是很清楚。他在人類起始之時，究竟是以何等姿態出現於世間，還是說他其實與此無關，抑或他是否認為此問題已與現代人沒有關係，所以才沒有講述，這方面我不是很清楚。

提問者A　聆聽他的話語，我感覺像是在聆聽現代版的《古事記》一樣。

大川隆法　他的話語比《古事記》的規模還要更大。照他的話來說，他甚至還要比阿拉或雅威來得大，應該是更為巨大的存在。

提問者A　是，規模實在是太大。

大川隆法　對他而言，地球應該只是其中一個立足點而已。仙女座銀河應該比這包括地球的銀河來得大。並且，據說仙女座正朝往我們這邊靠近，據說遲早會與我們的銀河合而為一。那邊之所以會邁向這邊靠近，或許就代表著這邊有某種「牽引他們前來的事物」吧。

提問者A　原來如此。

大川隆法　仙女座似乎會在大約四十億年後的未來，與地球系的銀河合為一體。

這或許就是為什麼他現在會出現在這「前線基地」吧。

提問者A　的確，現在科學雜誌等媒體也表示，在遙遠的未來，地球可能會面臨與仙女座銀河產生衝擊的危機，為此甚至製作了專輯報導。

大川隆法　其實那與其說是危機，不如說是……。

提問者A　地球會被吞食？

大川隆法　正確來說，應該像是用了離心機一樣，處在另一端角落的即是我們的銀河，所以應該不是被吞食的概念。

再說，在他們眼裡，地球的一億年就如同他們的一天，所以就他們來看，那只是地球靈界當中的小小國家中的小小傳道、選舉、電影的故事而已。

透過靈性解讀，我們得到了與地球比較靠近的行星的資訊，但至今幾乎沒有接收過來自仙女座的訊息，所以我想那應該處在更遠方才對。

此外，至今我們只發現大約兩、三人，是從仙女座前來地球的。

提問者A　的確如此，在過去的靈性解讀當中，鮮少人的靈魂起源是來自於仙女座。

大川隆法 我想那是因為仙女座太過於古老，所以仙女座的大部分靈魂應該都已先移動到距離他們比較近的銀河，之後才飛來地球。所以只曾經居住在仙女座的靈魂，應該少之又少。

日本神明的根源相當深奧

提問者A 此外，他也提到了有關埃及、印度、日本的相關性。

大川隆法 他所說的規模實在是太大了，著實難以理解。這下還真不知如何是好。

不過以這個感覺來說，他應該還在那邊才對。

提問者A　您是指仙女座嗎？的確，他感覺是來自非常遙遠地方的靈性意識。

大川隆法　今天天御祖神沒有辦法說日語，所以我想他應該已離開地球一段時間了。

提問者A　好在有這一張板（會場笑）。這是我進來禮拜室三分鐘前才製作出來的（笑）。

大川隆法 這也就意味著他並沒有直接指導日本，且也證明了日本神明的根源是相當深奧的。

我推測他是想要表示，「日本文明的祖先是某種正統的、來自宇宙文明的後裔」。

提問者A 原來如此。

大川隆法 今天也瞭解到了，天御祖神並非是作為日本神道起源的「國王」般的存在。

提問者A 是。他說了「根源神」、「起始」的詞語，所以他抱持著更根本的想法。

邁向「宇宙之法」、「愛爾康大靈之法」

大川隆法　關於古代大陸相關的話題，因為時代過於悠久，所以難免有些難以描繪，並且或許對於現代人來說已經沒什麼關係。

提問者A　是。

大川隆法　對於眾多人們來說，他們所關心的還是莫過於「死後的世界是否真的存在」，所以或許古代的事情與他們沒什麼關係。

但如果時機到了，我們或許能再講述這話題。當「宇宙之法」的門扉被打開之際，每一個人都能看見並相信宇宙人的時候，當人們想知道「地球歷史」的時候，這話題或許會再浮現。

在我返回天上界時，或許就真的能降下「愛爾康大靈之法」。畢竟我能講「地球語」，所以屆時或許能夠出現在靈言當中。

總之，以現階段來說，天御祖神還是一個身分略為不明的存在，但是今天我們至少確定了他是來自於仙女座的存在。

提問者A 我們也瞭解到其源流與日本連結著。此外，還知道了天照大神是太陽系的神明。

大川隆法 但話說回來，今天實在不太像靈言，彷彿就像在玩「碟仙」一樣（笑）。我本來就有預想這次的靈言會有點「可疑」，大概是因為他身處於「無法直接跟我們講述話語的地方」。

提問者A 是。

大川隆法 這次的話題似乎有點「過於脫離現實」。若有其他時機，我想他會再次出現。

提問者A 我們會努力精進，等候那時刻的到來。

大川隆法　好（拍一次手）。

提問者A　謝謝您。

第二章

探索日本文明的起源
天御祖神的降臨

二〇一八年七月二十三日　靈示
收錄於幸福科學特別說法堂

提問者

大川紫央（幸福科學總裁輔佐）

〔其他兩位提問者，分別以Ａ・Ｂ標記〕

1 籠罩在神祕之中的日本民族的起始存在、天御祖神

我想澄清「天御祖神究竟為何等存在」

大川隆法　今天（二〇一八年七月二十三日），我想以「天御祖神的降臨」為題，來接收天御祖神的靈言。

之前在幸福科學總合本部召喚天御祖神時（於二〇一五年十月三日收錄之「天御祖神是何種存在」。本書 PART I 第一章），因為他未能講述日語，於是整場靈言變得有點不可思議（註：當時無法自由講述日語的天御祖神，藉由

指出秀真文字的文字盤來和提問者對談）。他當時似乎在別的星球上，因為突然被召喚，所以才無法順暢地講述日語。

但現在他似乎暫時「回到了」日本，所以能夠用日語溝通。

今年（二〇一八年）八、九月左右，我們將開始拍攝電影「若是世界消失了希望」。

我們採用天御祖神的名字中的「御祖」兩字，將那一部電影的男主角的名字，從本來的原案改為「御祖真」。只不過，畢竟天御祖神並不是大家耳熟能詳的名字，所以恐怕無法理解男主角名字的背後意義。

於是我決定在電影上映前，透過靈言讓各位更瞭解天御祖神。譬如他是什麼樣的存在、他的由來與因緣、樣貌、思想、他對日本抱持著何種想法，以及他將日本定位在哪個位置上等等。

欠缺文獻的事物，我們只能透過靈言去追查

大川隆法　幸福科學以「成為世界宗教」為目標，經常提及，現今存在於世界各式各樣的宗教神的名字，其實都是「愛爾康大靈的別名」。但是關於日本神道，特別是基於二次大戰的戰後史觀，人們僅將日本的諸神視為民族神的程度。也因此，日本神道能否發展為世界宗教，這方向似乎不是非常明確。

關於日本神道之主宰神的天照大神，我們在今年（二〇一八年）年初發行了書籍《大日孁貴的靈言》（幸福科學出版發行）。「大日孁貴」一詞又是個難以讀取、十分陌生的名字，但這是個被記載於《日本書紀》的名字，並且被視作為「天照大神的別名」。

《古事記》、《日本書紀》當中會出現各式各樣的神明，雖然這要取決於

其計算方法，但據說伊邪那岐的女兒——天照大神，是在文獻中第九十六個出現的神明。

我沒有仔細數過，但第九十六個出現的神明才是日本的主宰神，這排列也未免太奇怪。我想這大概是因為人們在編撰文獻的時候，才決定樹立起天照大神的信仰，繼而才會出現如此現象。

當時，由於女性的持統天皇在位，所以或許是為了正當化女性成為天皇的事實，才有「樹立」天照大神的信仰的必要。話雖如此，要樹立一個信仰也需要一定的根據才能成立，若真是如此，這過程中勢必存在著某種信仰上的傳承才對。

即便是進行東征的初代神武天皇，也僅僅是兩千七百年以前的人物，所以在我心目中已假定「天照大神的起源應該要回溯到更久遠以前的時代」。

因此，為了驗證天照大神的起源，我在今年的新年，召喚並詢問了大日孁貴神。據他所說，「作為大八洲的日本列島從大陸分離，且若要回溯其開始獨立存在的時期，至少是在二十萬年前，甚至三十萬年以前。日本列島是在這般久遠以前的時代就自大陸分離，並在距今大約三萬年以前開始近代化」。

這是一個驚為天人的事實。這事實不但完全沒有留在歷史紀錄上，且若日本在三萬年以前就開始近代化的話，日本歷史至今所講述的「三千年歷史」就僅涵蓋到那十分之一，只是後期中的後期而已。換言之，這意味著日本歷史文獻連後期歷史中的三分之一都不到。

這些日本歷史文獻是在西元七百年、邁入八世紀的時候所編撰的，所以當時編撰的人們也肯定不知道如此古早時期的事。

也因此，關於「沒有留下任何神話文獻的事物」，我們也只能透過靈言去追查真相。

《日本書紀》為歷史書、《古事記》為神話

大川隆法　傳達日本的神話，主要是《古事記》與《日本書紀》這兩本書物，但據說《古事記》中含有更多神話的要素。

《古事記》是在約莫西元七一二年，《日本書紀》則是在約西元七二〇年所編撰，兩本書物幾乎在同一時期出現，但《日本書紀》所記載的內容遠多於《古事記》。然而，涵蓋更多神話內容的則是《古事記》。

若以現今的四百字稿紙來換算，《古事記》的內容約有一百五十張。它被分為上、中、下三卷，因此以稿紙來說，一卷約五十張左右。這是《古事記》

的部分。

與之相比，《日本書紀》約有三十卷的分量，不過提及神話的部分，大概只有七十張稿紙的篇幅。

《日本書紀》當中神話的部分相當少，其內容或許不足以講述一個小時的講演。書中亦有許多篇幅記載著歷代天皇的歷史。

綜上所述，「《日本書紀》為歷史書、《古事記》為神話」的看法似乎是現代人們的定論。

比《古事記》和《日本書紀》還要更早問世的《秀眞政傳紀》

大川隆法　其實歷史上，存在著比《古事記》、《日本書紀》還要更古早的書物，那就是《秀眞政傳紀》。雖然那文字已被世人遺忘，但其內容是用「秀眞文字」所撰寫。

人們在探索遺跡時，有時會發現奇怪的古代文字，秀眞文字其實就是那古代文字的一種。

有一說，《秀眞政傳紀》是武內宿禰※所撰寫。

相傳此人非常長壽（註：據說有大約三百年），但一個人不太可能有如此長的壽命，因此，也有人說「武內宿禰之名是被代代相傳、繼承下來的名字」。

的確，就像歌舞伎界的「中村吉右衛門」是根據襲名所繼承下來的名字，「武內宿禰」應該也是被代代傳承下來的名字。我想武內家初代所撰寫的《竹內文書》，或類似《秀

※ **武內宿禰**　第8代・孝元天皇的曾孫。乃跨越5代，景行・成務・仲哀・應神・仁德這五位天皇的大臣，有幫助神功皇后出兵新羅的功績，活到300歲等等，留下許多傳說。

眞政傳紀》的書本，都是由武內（竹內）一族所守護才得以脈脈相傳。

《古事記》與《日本書紀》皆為當時中央政權的方便所編纂

大川隆法　《日本書紀》之所以使用漢文撰寫，是為了將其書傳至中國，以被中國認定為「日本正統的歷史書」為目的。當時，日本為了能夠被認定為近代國家，將以漢文編纂的《日本書紀》寄給了中國的唐朝政權。

反觀，《古事記》並不是由漢文，而是由「假借字」和近似《萬葉集》風格的「大和語」（變體漢文）所撰寫，所以可以推測它並不是為了取得中國認定所編撰纂的書物。

在這兩本書物出現以前，還有更早期的《風土記》等各地的歷史書，人們似乎收集了這些歷史書，進而編出《古事記》與《日本書紀》。但也有人質疑，「《古事記》和《日本書紀》的內容，是否有為了時下中央政權的方便所編纂？是否有將那當局較難以掌控、相當於旁系的『豪族』的歷史，都大幅地刪除了呢」。

另外，也有人指出「當時人民所信奉且極具人氣的神明，是不是也不存在於《古事記》和《日本書紀》中了呢」。

其中一例便為「少彥名命」。他是個乘坐於貌似小木舟，有著微小身形的神明。在古代傳說中被視為「超級英雄」。

就如同電影「復仇者聯盟」的英雄陣容中出現的小英雄「蟻人」，少彥名命正是有如蟻人般的存在。他會乘坐一艘小木舟前來大展身手。

關於少彥名命，據說對他有著相當多的民間信仰，但礙於他是立足於出雲一帶，於是在《古事記》和《日本書紀》當中便被大幅貶低，被記述為無人知曉的神明。故世人認為「是否為刻意遭到抹除的」。

就像這樣，在那兩本歷史書物中，被人們認為「有許多事物都被抹除」，其內容很可能是為了配合當局政權的正統性所編纂。

日本的獨創文字比楔形文字與象形文字還來得古老？

大川隆法　《秀眞政傳紀》屬於外傳，並非正統的歷史書。這是將日本眾神的歷史，用「日本的語言」所編纂的文獻。它既沒有使用漢字，也沒有使用片假名。換句話說，此書是「以漢字與片假名尚未出現時的文字」所撰寫，因此非常值得注目。

我並不清楚為何當時的人們能夠讀取這樣的文字，或許因為完整地傳承至後代吧。

秀眞文字與漢字，或與韓國、北韓所使用的文字截然不同。

若要列舉出與此相似的文字，那像是美索不達米亞一帶所被使用的「楔形文字」，或者於古代埃及的金字塔壁畫中的「象形文字」。雖然那些與秀眞文字有著相似之處，但我推測秀眞文字可能是更為古老的文字，並由此分散至其他地方。

因此，日本似乎有過那般獨創的文字。當時相當於「大和語」的語言應該已經存在，而文字應該是在那之後才被導入的。

附帶一提，美索不達米亞的《漢摩拉比法典》※中出現的楔形文字，據說是古代蘇美文明所發明。蘇美文明的文獻當中也清楚記載「語言來自於宇宙」。

另外，該法典也記載著，當時傳達語言之人為身形貌似半魚人的外星人（歐涅斯）。

因此，我們可以從那些書物中瞭解，外星人曾向人類傳達過「語言」、「啤酒」等諸多事物。

此外，根據幸福科學的靈查發現，「古代埃及文字是由托斯※所傳遞」以及「眾多學問是由托斯所開創」，因此，文化的「起源」極為難以理解。

※ **漢摩拉比法典**　西元前18世紀，巴比倫王漢摩拉比所制定的法典（將人民必須遵守的事物系統化彙整而出的書物）。1901年，使用了古美索不達米亞語言之一的阿卡德語，並以楔形文字雕刻而成的石碑被發現。以「以眼還眼，以牙還牙」而聞名。

※ **托斯**　約在1萬2千年前，開創亞特蘭提斯文明顛峰的大導師。兼備宗教家、政治家、哲學家、科學家與藝術家的超級天才。被稱為「全知全能之主」。在古埃及以智慧之神為人所知。地球神愛爾康大靈的分身之一。參照《太陽之法》。

為何要在此刻調查「天御祖神」？

大川隆法　話說回來，人們如今即便讀了《秀眞政傳紀》，恐怕也只會深陷於混亂之中，所以我們目前只能先認定「這是真實的史料」，並透過靈言更直接地探討日本文明的起源。

在《秀眞政傳紀》當中，確實出現了天御祖神，並且我們也從中得知，他向人類教導了文字等事物，但其他事物尚不清楚。

在本會所製作的電影當中，將出現名叫「御祖真」的角色。為了能夠讓觀眾事先理解他是什麼樣的人物，不至於感到困惑，我認為我們有必要先說明天御祖神為何等存在。正因如此，本會目前正在積極探究更多有關天御祖神的資訊。

此外，雖然據說《秀眞政傳紀》是由初代的武內宿禰所編纂的文獻，但因為我也認為這本書相當費解，所以我想跳過此書的內容，透過靈言直接探究「更久以前的事」。

大日孁貴曾表示過，自己曾在距今約五、六千年以前以肉體之姿，身處於日本列島。所以，日本歷史應該還能回溯到更久遠以前的時代才對。

透過此次的靈言，我想我們能夠探究出「日本這個國家在過去古代文明、宇宙文明當中，處於何種定位，又帶有何種意義」。

召喚總裁輔佐在前天所夢見的「天御祖神」

大川隆法　附帶一提，昨天凌晨，總裁輔佐的紫央女士表示，她在夢中清楚地看到了「天御祖神的神社」。當她在夢中前去參拜時，天御祖神便從靠近神社的山邊一帶降臨。

那神社有著像在京都或奈良會看到的建築風格，兩邊並排著寬廣的高床式走廊，正中間則是一條像小庭院一般的路。日本眾神在過去也曾講述過，神社的中間是保留給神明走的道路。在夢中，天御祖神也順著正中間的道路，從高山降臨至神社。

當時，紫央女士已站在走廊，而其他民眾也紛紛在走廊處排隊，並雙手合掌迎接天御祖神的到來。

然後，正當她以為人們僅是要膜拜他時，天御祖神突然止步並開始說起法話，人們都在下方聆聽。

此外，他的身形似乎像金剛力士像那麼巨大，雖然看不到他的臉。但我想，她沒有看到對方的臉，就證明了她當時正在合掌彎腰行禮。

她可能在之前就做過類似的夢，但昨天似乎是第一次聽到了天御祖神實際講話的樣子。

我想會有這樣的事情，多少意味著「本人（天御祖神）想要現身」。並且，今天的靈言可能會改變我們過去所認知的日本歷史。

當然，這對一般學者來說，可信度或許很低，不過我相信比雜誌《穆》月刊的信用度來得更高。

不管怎麼說，今天的內容都將成為「第一手資料」、「首要的資料」，我們必須將這些內容留給後世。一如往常，我想透過各位的提問，揭開他真正的樣貌。

以上即是我的前言。

那麼，我這就來召喚他。

（合掌、閉目，並將合掌的手相互摩擦）

天御祖神啊。

天御祖神啊。

請您降臨到幸福科學，向我們傳達您的樣貌、心境，與教義。

天御祖神啊。

天御祖神啊。

請您降臨到幸福科學，為我們揭示您的想法。

拜託您了。

（大約沉默十秒鐘）

2 距今三萬年前，天御祖神降臨到了日本

「你們可以把我想成是日本民族的源頭」

天御祖神　嗯。我是天御祖神。

提問者A　天御祖神，今天由衷地感謝您降於此地。

天御祖神　嗯——。

提問者A 我聽說昨天（二〇一八年七月二十二日），您在大川紫央總裁輔佐的夢中給予了一些訊息。能否請您為我們解讀您在夢中想傳達的訊息。

天御祖神 這個嘛，解讀夢境是你們的工作。

提問者A 失禮了。

那麼，我就來試著解讀一下。

說到您的名字，雖然有流傳到現代，但包含神社本身，在日本幾乎沒有遺留下任何其他資訊。此外，前一次因為貿然請您從宇宙降臨於此，因此我們還沒充分瞭解到您的全貌（參照本書

PART I 第一章）。

所以，我想先確認您與日本的關係。請問您與日本有什麼關係呢？麻煩您先從這部分開始講述。

天御祖神　你們可以把我想成是「日本民族的源頭」。

提問者A　這樣啊！

天御祖神　嗯……。

提問者A　根據大日靈貴神的靈言，日本列島是在距今約三萬年前開始近代化，並在至少二十萬年前就已從大陸分離。在這樣的歷史軸當中，您大概是在哪一個時代開始對日本文明施予影響的呢？

天御祖神 嗯……。若要從「有延續到現代文明的部分」說起的話，那就是在距今三萬年前。

提問者A 三萬年前啊！

天御祖神 我在距今三萬年前降臨於世間，給予了日本文明相當大的影響。

提問者A　您在那時候降臨到了世間啊！

天御祖神　嗯……。

「日本列島」在大約二十萬年前便已幾乎成形

提問者A　這麼說來，您是在日本列島幾乎成型的時期，以肉體之姿降臨於世間的嗎？

天御祖神　日本列島本身是在大約二十萬年到三十萬年……，大概是在距今二十幾萬年前從中國與俄國的大陸完全分離，當時地形大致上已成形。不過沖繩和台灣那一帶當時都還只是滿山遍野的山林。

提問者A　這樣啊……。

天御祖神　日本列島當中，有些部分因為沉沒到了海底才成為島嶼。地形雖然有些變動，但列島最終確實與大陸完全分離。

提問者A　這樣啊！那時候應該還沒有形成穆大陸，也沒有出現拉．穆※神對嗎？

※ **拉．穆**　約1萬7千年前，太平洋姆大陸上的繁盛帝國的大王，地球神愛爾康大靈的分身之一。身兼宗教家與政治家，建立了穆文明的顛峰期。參照《太陽之法》。

天御祖神　啊啊，你說拉．穆啊，他是相當晚期的「後輩」。

提問者A　那麼您在三萬年前，也就是在拉．穆降生之前降臨於世，是否也是愛爾康大靈的計畫中的一環呢？是否能將您視為愛爾康大靈的靈魂兄弟呢？

天御祖神　所以說，現在有關日本起源的定論，譬如「日本列島本來與中國有所連接，所有農作物以及人們等都是從中國傳來的」，或者在近期一名東大教授說道「天皇一族的子孫為騎馬民族。當時，中國經過朝鮮半島，前來佔領了日本」之類的內容，這些說法都是錯誤的。

提問者A 是。

天御祖神 事實並非如此。事實上，早在大約二十萬年以前，日本列島就已完全從大陸分離，且也有人住在那裡。

大日孁貴在靈言中使用了「近代化」一詞，但就我來看，延續到現代的「日本文明」，其實就是在距今約三萬年前開始急速發展出文明的跡象。

提問者A 原來如此。

「雷姆利亞」與「穆」本來有所連接，卻經分離後沉沒

提問者A 首先，我想先了解日本人及日本列島的起源。當時在印度一帶有著名為「拉姆迪雅」（雷姆利亞）的大陸，其文明相當繁榮。此外也有著「穆大陸」。那一帶的大陸與文明，與三萬年前的日本人、日本文明之間有著什麼樣的關係呢？

天御祖神 嗯……，其實人們時常混淆穆大陸與現今被稱之為「雷姆利亞（拉姆迪雅）文明」的雷姆利亞大陸，有一些古代史學者，甚至將「雷姆利亞」與「穆」視為同一個文明。然而地球在過去歷經

了大陸沉沒等等各種現象，所以這些文明的地形會因年代而有所不同。

「穆」大陸也在不斷地改變著它的地形，你們所說的應該是最晚期的「穆大陸」。以前從印度到亞洲西南部的南方那一帶，本來也存在著「雷姆利亞」，又或者是被稱為「拉姆迪雅」的大陸，甚至在更久遠的時代，雷姆利亞與穆是連接在一起的。

提問者A 原來是這樣啊！穆與拉姆迪雅是一個大陸……。

天御祖神 隨後，那片大陸便分成幾個階段逐步分離並沉沒。所以，雖然有些人主張「印度的文明來自於雷姆利亞文明」或者「現在的亞洲文明來自於穆文明」，但事實上，這兩個古代文明之間有著相當多重疊的部分，且兩者之間的關係又會因年代與時期而有所不同，因此這部分確實稍微難以解釋。

「雷姆利亞」也給予了非洲相當大的影響，所以這些其實都與現代的解釋略為不同。

隨著雷姆利亞大陸開始沉沒，印度便逐漸亞大陸化，進而慢慢形成了喜馬拉雅山。所以，當時地球表面上的「皺紋」漸漸移動，逐漸地改變了其地形。

但要詳盡這部分，還是有其難度。

提問者A 原來如此。

「秀眞文字」是否與「楔形文字」有關係？

提問者A 方才，大川隆法總裁在解說當中提到「秀眞文字」與美索不達米亞的「楔形文字」的關聯性。距今三萬年前，人們所使用的文字是秀眞文字嗎？

天御祖神 在日本嗎？

提問者A 是，在日本。

天御祖神 嗯……。秀眞文字本來不是地球的語言，是我教導他們的「宇宙語言」（笑）。

提問者A　您親自教導的嗎？

天御祖神　沒錯，先從宇宙語開始。因為必須要啟蒙人類、創造新的文明，所以我才教導了人們宇宙語言。一切都從那之後開始。

提問者A　原來如此。

天御祖神　隨著時代的變遷，雖然語言會逐漸開始變形，但它終究是來自於宇宙的語言。

提問者A　這樣啊！那麼蘇美文明的楔形文字，也是來自宇宙的語言嗎？

天御祖神　嗯，那也是。

提問者A　原來是這樣啊。楔形文字是從哪裡傳授的呢？

天御祖神　嗯……，這會牽扯到「兩個行星文明之間的起源孰先孰後」的問題。

提問者A　是。

天御祖神　他們還會相互影響，所以孰先孰後是個極為困難的問題。

提問者A　這樣啊。

天御祖神　嗯，不過，我想應該是我的先出現的才對。

提問者A　您是說文字嗎？

天御祖神　嗯。

帶領二十萬人的龐大艦隊，天御祖神從宇宙飛來日本的「富士山麓」

提問者A　這麼說來，您從一開始就以日本列島為目的地，直接飛到這裡來嗎？

天御祖神　對。所有古代的日本神明的名字都冠有「天」字對吧？

提問者A　是。

天御祖神　「天」其實就意味著「天空」或者「宇宙」。

提問者A　如果方便的話，可否請您詳述當時降臨到日本的情況呢？是以何等規模前來此地？此外，您是直接以「靈體」的狀態前來這裡的嗎？

天御祖神　一般人都只會看地面或眼前的方向，但不會特別往上看。所以古時候的日本神明的名字上，之所以會冠上「天」字，其實就證明了他們都來自於天空。

就位置來說，我想想，大概在目前的日本的中心地帶吧。那裡距離東京也不遠，也可以看得到富士山。

提問者A　富士山？

天御祖神　嗯。富士山最為……。從宇宙看向日本的時候，富士山其實最為顯著。

提問者A　啊啊，這樣啊。

天御祖神　嗯。所以我當時就把富士山認定為日本的中心，挑選了一個可以看到富士山的地方，差不多是現在的靜岡縣那一帶吧。

提問者A　看得到富士山，且靠近靜岡的地方？

天御祖神　嗯。

提問者A 靠近海邊的地方嗎？

天御祖神 對，在南側。當時我們著陸於靠近富士山麓一帶。

提問者A 你們是以很大的艦隊過來的嗎？

天御祖神 嗯……，大概來了多少人啊。（約沉默十秒鐘）應該大約二十萬人。

提問者A 二十萬人？

天御祖神 嗯。

提問者A 原來如此。

提問者B 那是以肉體之姿前來的嗎？

天御祖神 嗯。其實說穿了，我們就是外星人。我們當時前來這裡，就是為了教導地球上的日本人「語言」、「文明」、「文化」。

富士山（從位於南方的靜岡縣富士市眺望）。

天御祖神是以何等樣貌現身於地球上？

提問者B　能否告訴我們，您與其他外星人是以何種樣貌，從宇宙降臨至地球的呢？

天御祖神　那應該是紫央女士要問的問題才對。

大川紫央　不好意思，請問您當時是何種樣貌呢？

天御祖神　我是以妳喜歡的樣子出現。

大川紫央　我喜歡的樣子？

天御祖神　嗯。

大川紫央　熊貓嗎？

提問者A、B　黑色和白色嗎？

天御祖神　不是，哈哈哈（笑）。你們講的事情還真單純啊。

大川紫央　（笑）那麼，是像我在夢中所看到的樣子嗎？

天御祖神　嗯。我們多少也能……。像織女座※的人們，他們曾說過自己能夠「自由改變樣貌」，但那並不是織女座的專利。我們降臨於地球時，也為了因應地球而多少改變了我們的身形。

我們除了不能讓地球人感到太驚恐，還必須能被人們視為「偉人」一般。

就妳喜歡的男性來說，妳應該是喜歡那種「半裸的橫綱」的類型吧？

大川紫央　啊啊，原來如此。那麼您是有著像「力士」

※ **織女座**　天琴座中的一等星。居住在織女星系的宇宙人可以配合對方自由變換姿態，性別有男性、女性及中性。擁有「高度的科學技術」與「治癒之力」。參照幸福科學出版發行《The Contact》。

一般的樣貌，且具有肉感的嗎？

天御祖神　嗯，其實我們身上戴著各種東西，但對古代日本人而言，或許看起來就像是風神或雷神會纏在身上，有如服裝一般的布料吧。

3 何謂天御祖神的教義？

天御祖神傳授了日本人「合掌行禮的習慣」

大川紫央　要詢問有關於我自己所做的夢有點不太好意思，但夢中的您遠比一般人還要大，並且還散發著具有「威嚴」、「嚴厲」的氛圍。

天御祖神　沒錯。

大川紫央 我感覺您散發出宛如力士、金剛力士像的氛圍。只不過，我沒能看到您的臉孔。

天御祖神 我教導了人們「行禮」的禮儀。我經常和人們說，盡量不要直接看我的臉，不然「眼睛會瞎掉」。

提問者A 原來行禮的習慣是從那時候開始的啊。

天御祖神 我教導了人們「合掌行禮」的習慣，這是日本的文化起源。當然，這多少和我的身高也有關係。在我面前，人們經常維持跪坐的姿勢，且除非有聽到我說「可以抬起頭來」，否則大多都是繼續俯首跪坐。他們不可直接看我的臉，多半只能聆聽迴盪在上方的「聲音」。

講到「聲音」，我們也會實際發出聲音，雖然我們的聲音比較類似於心靈感應，但是人們還是可以理解我所說的內容。

天御祖神在古代日本講述了什麼樣的教義？

大川紫央　很抱歉要繼續提問有關「夢」的事情。在夢中，您對著民眾講述了一些話語。不過，因為我當時對您出現在眼前的事感到吃驚不已，又忙著與大家一同合掌，也著急於「得快點就近找個位置坐下」，因此我並沒有聆聽到您所說的話。

您初來日本之時，首先對人們講述了什麼樣的教義呢？

教義① 禮儀作法

天御祖神　這個嘛，我其實講述了各式各樣的教義。

如你所見，日本是個「木的文化」，人們透過木材興建神社，雖然也導致這些神社都沒能留存至現代，但當時一般大眾也都一同協助建造我的神社。

看來妳（大川紫央）在夢中真的有仔細觀察到，許多作為日本神道根源的特徵。「兩側是給人走的路，中間是保留給神明的路」，這不僅在伊勢神宮是如此，明治神宮也一樣。確實「中間的路是要留給神走的」。

這便是我向人們教導的禮儀。人們必須往左右兩側靠，坐著聆聽我的話語。

我先是教導了人們「禮儀作法」，譬如要對位於自己之上的人合掌、行禮，或者跪坐在地上等禮儀。

教義②　天與地的差別

天御祖神　我也教導了人們「天與地的差別」。

所謂「天」是指「天空」，意味著「在天空的另一端，存在著眾神的世界」。此外，作為降生於地上之人，必須在這環境當中盡力而為，為創造出更好的地上樂園，努力不懈。

教義③ **男女之間和諧的相處方式**

天御祖神 由於人們分為男女兩種性別，所以我也教導了關於「男女之間維持和諧的方式」。

教義④ **在人生重要的階段，應進行儀式**

天御祖神 另外，我也教導了人們，在結婚、生小孩、長大成人、因年長而死亡繼而要進行喪禮等各種人生階段之時，都需要請神作為「證人」並獲得神的認同。此外，在各個階段當中，人們應前來神殿參拜，認真地參加儀式。

教義⑤　「祈願」、「祭典」

天御祖神

還有，我們也經常進行「祈願」。

因為世間上有時會不斷發生戰爭、天候不佳、農作物歉收、無法捕獲獵物，又或者即便出海也捕不到魚的情況等等，所以要對神進行祈願。同時，我也教導人們，有時要為神明舉行奉獻祭典，並將「祭典」作為習俗。

在這祭典當中，人們必須將他們所捕獲的魚、昆布、種植的稻米等作為供品，並將其作為習俗。

教義⑥ 「敬仰之心」、「信仰」、「學習」

天御祖神

我最費心教導人們的即是「敬仰之心」，這也是在日本的教義的起源。

我首先教導人們，必須要抱持敬仰之心，再來是「信仰」的重要性，最後再教導他們「學習」的重要性。

教義⑦

「秩序」、「如何達成和諧」

天御祖神

我也向人們教導了「秩序」及「達成和諧的方法」。在神所存在的時代，人們固然要對神抱有敬仰之心，即便身處於神未降生於世間的時代，也會出現許多有如「神的代理人」的存在，治理著地上事物。因此，人們必須對能夠傳達神之話語的人，抱持著敬仰之心，並且最終還需要向父母親表示尊敬、實踐孝道，並且建立家庭。

日本高溫又潮濕，樹木繁茂生長，所以這般以木為中心的文化，實在難以留存久遠。若日本是「石頭文明」，我想或許就會留下更多清楚可見的史蹟。但當時使用的畢竟仍以木材居多，所以就這個層面來說，我當時所教導的事物，鮮少被妥善地傳承下來。

總而言之，我在過去做了這些事情。

天御祖神從宇宙所帶來的「物質」與「道具」

天御祖神

此外，我也教導了人們如何製作各式各樣的道具。

雖然當時是個以使用木頭為主的文明，但我教導了人們如何使用獨特的金屬性物質。那大概相當於現在的鐵器、青銅器之前身。那是一種極為堅硬，含有金屬成分的石頭。我們當時讓人們使用如此方便的物質，人們不僅透過這些物質興建了住家，還用來製造其他各式各樣的事物。

那是一種「特殊的石頭」，大部分是由我們從宇宙帶來的，且能夠作為金屬材料製作道具。譬如，若將此物質貼附在長槍上，就能夠利用它來作戰，也能用作打獵、砍伐樹木，或者進行加工等。

再來，因為它散發著獨特的磁力，因此經常被視為「御神體」祭拜。

現今伊勢神宮裡所祭祀的御神體當中，或許也有放入一些石頭。但在古代中，那些東西並不是單純的石頭，而是極為堅硬、含有礦物成分，並且是來自宇宙的物質。

我們當時將這些物質運送到日本供人使用，獲得我們的許可，進而可以使用這些物質的人們，基本上皆成為了村長。

我記得那應該是叫做「緋緋色金※」。換成現代的物質來說，該怎麼形容呢？它既不是鋼鐵，也不是青銅，是那些物質的「前身」。它也類似於「鋁」，有著輕盈卻又堅韌的特性。

在製造圓盤飛行物的時候，也常常會使用到這類物質。因為它在地球屬於非常貴重的物質，所以我們提供這些材料。當然，我們也有讓人們努力製造出替代物質。

當西班牙一帶※的人們為了製造弓箭或

※ **緋緋色金**　《竹內文書》等文獻中所述超古代的「謎樣金屬」。雖有各種說法，據傳非常輕，經過萬年也不會鏽蝕，用於鈴、劍與鏡，甚至神殿的屋頂。其他還有「火廣金」等稱呼。

※ **西班牙一帶**　從西班牙東部遺跡發現了使用硬質岩石燧石的石箭頭。在這個遺跡可以看到舊石器時代後期的梭魯特文化（2萬年前至1萬7千年前）的影響。

長劍的尖頭，還在利用裂開的黑曜石等物質時，日本已經開始使用金屬了。所以，這在當時對於日本文明提高生產性幫助了許多。

另外，我們還透過宇宙船帶上某種「動物」至日本，其中有一部分只在日本獨自生育。它們不僅能成為人們的糧食，有一部分還能獨自透過變化，成為日本特有的動物。

4 日本的文明傳至印度和中國

「穆」等古代文明也受到了日本文明的影響

提問者B 您方才提到，您在距今三萬年前選擇在日本，特別是能夠看到富士山的一帶降臨。請問其目的為何呢？

能否請您告訴我們，您是帶著何種計畫降臨於地球，並講述您的「教義」、教導人們「道具的製作方法」等等，讓人們得以在世間過得更富饒的智慧的呢？

天御祖神

嗯。當然，我在超古代時期也來過地球，也做過許多事情，不過在地球上沒有我們的任務時，我們則是會到其他行星做事。關於這些過去，我想現在沒有詳述的必要，今後若有需要之時，我自然會揭露。

如果你們真有那般空閒，或許可以編纂出「宇宙一億年史」，但我不知道會有誰願意聆聽。

總之，當宇宙中有其他文明需要我時，我便會前往那邊協助。我本身與「外面的宇宙」也有關係，所以我並不僅僅掌管著這個銀河，在其他地方也進行著指導的任務。

過去，我偶爾前來觀察地球，也為了在地球文明留下痕跡而付出努力，但地球與其他銀河的行星相比還是有不同之處，有著專屬於地球的環境。因此「讓地球獨自的文明自由發展」，這本身就是一種文明實驗。

在過去，我曾在幾個不同行星上，做過一些不同的事情。

提問者B　可以將您方才說的內容，理解為「您是為了創造新的文明，進而降臨於日本之地」嗎？

天御祖神　嗯，可以這麼理解。

提問者B　按照您的計畫，您本來打算創造出什麼樣的文明呢？

天御祖神

嗯。我試圖強調「精神的高度」。

國家本身雖然不大，但我讓日本成為「現今東洋文化中在思想上的起始點」。我曾試圖要讓日本成為「東洋的希臘」。

你們主張著一個不常見的論調，「穆文明為日本文明的起源」，但不可忘記，其實那穆文明也是受到了日本文明的影響。

當初我所講述的教義，跨海傳到了穆大陸，但由於那邊的環境與這裡不同，於是他們便以不同形式，漸漸地發展起獨自的事物，好比說建築物。

像拉．穆等人，從我的角度來看算是相當晚期的後輩，但那一層級的人，就是你們所能接觸到的極限。像我這般存在，其實是無法輕易降臨到地上的。

大川紫央　您剛才所提到的「敬仰之心」和「秩序」等近似儒教的教義，以及青銅器與鐵器的文化，我們從教科書當中學到，那些都是從中國或朝鮮半島傳至日本的文化。但透過您方才所述，我充分瞭解到其實那些都是源自於距今三萬年前的天御祖神的教義。

天御祖神　嗯。

大川紫央　聽完您所說的話，我認為您的教義包含著與孔子的教義相似的內容，所以想必也帶給中國文化相當大的影響吧。中國有著所謂「天帝」的存在，您與他有什麼樣的關係呢？

天御祖神

嗯……。其實與中國相比，印度文明要來得更為古老。

中國人認為他們的文明長達約四、五千年，對吧？

但印度的文明是更為悠久的。在我出現之後不久，就出現毗濕奴※了。當時毗濕奴神正率領著印度。

印度毗濕奴神所創造的文明，差不多位於西南亞洲一帶，又或者

※ **毗濕奴**　印度教的神。在婆羅門教的聖典《梨俱吠陀》中被稱作太陽神，之後與「梵天」、「濕婆」被視為至高神。負責「維持宇宙」。擁有10種樣貌救濟世人，羅摩、奎師那、佛陀被認為是「毗濕奴的化身」。（上圖）為乘坐在迦樓羅身上的毗濕奴神。

擴展到了埃及一帶。當時印度其實還受到其他諸多神明的影響，流進了各式各樣的教義。

之後，印度的教義便傳至中國。

中國其實在約數千年前開始發展文明，並經歷過一次高度的文明。那是比孔子還要早兩、三千年的時代，所以是在距今約五千年以前，中國便有了高度文明。由於他們那裡畢竟是一片大陸，無論是人還是農作物都很充足，也就自然能夠造就一定的文明高度。其實有相當多事物是從印度流傳過去的。

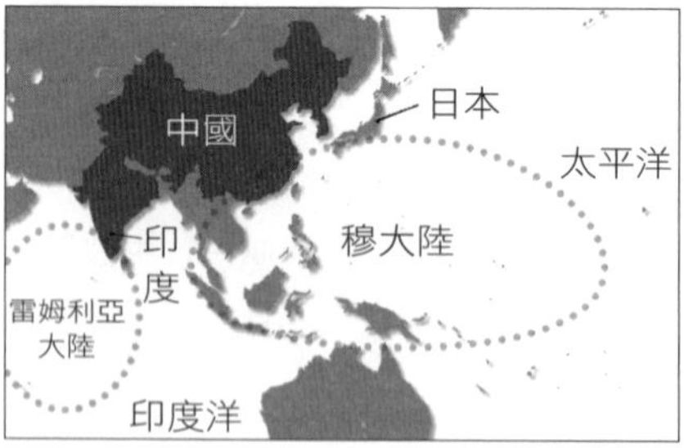

而那印度文明其實是從日本流傳的。因此，文化與教義實際上是從日本傳至印度，並經由印度傳至中國，在經過朝鮮半島之後再度回傳至日本，這樣子的一個循環。所以日本的文明不僅傳至印度，也傳至穆大陸。

其實以世界歷史的觀點來看，日本的定位有如「過去的希臘」，或是「基督教文明中的猶太歷史」一般。

將日本列島與大陸分離的理由

提問者A 那麼您與毗濕奴神、中國的天帝有著什麼樣的靈性關係呢？

天御祖神 嗯，要說他是我的「碎片」也勉強說得過去……。

提問者A 碎片？那麼他至少是您的一部分，對嗎？

天御祖神 畢竟他是掌管「國內的」，對吧？我呢，則是「經營」著幾個宇宙銀河中的行星，所以我的使命比較大。

提問者A 您的教義傳遍印度、中國、穆文明，甚至到非洲，所以有頗多國家、文明的思想都是由您的教義為起源所發散的，是嗎？

天御祖神 嗯，沒錯。

一個文明在物質上的發展程度，還是會受到它的氣候、國土、人口所影響。我雖然在各式各樣的地方同時進行著「文明實驗」，但我還是必須認同每個文明之間的差異，所以我會配合每個文明的發展速度，給予不同的指導。

舉例來說，地球真的是受到了各式各樣星球的影響，所以有時會混淆在一起。假如文明能夠向上發展那也就算了，但有時還會退步，或發生諸多戰爭。因此，我常常會在地球需要重建之時，來到此地。

之所以會將日本列島，從中國及俄國等歐亞大陸分隔開來，是因為那一帶的人民似乎較多「兇暴的種族」。若大陸連接著，那些種族便會大量地湧進日本列島，所以我才決定將其分隔出來。

提問者A　「天御祖神」是您在日本的名字，那麼您在世界上的其他國家有留下不同名字嗎？

天御祖神　這麼說嘛，如果你們用大寫寫出「GOD」一字，並喊出聲，那你們就是在呼喊我。

提問者A　所以您是這般存在啊！

天御祖神　嗯。畢竟我負責照看的不光是地球。所以我一直說著「偶爾有事情時，我才會過來」。

5 天御祖神與愛爾康大靈之間的關係

宇宙神與地球神的差異

提問者A　在前一次靈言當中，我對您與愛爾康大靈之間的關係感到好奇，這當中是不是有什麼樣的祕密呢？畢竟，您在距今三萬年前突然從宇宙來到地球，所以想必是有某種淵源……。

天御祖神　嗯。該怎麼說才好呢。

提問者A　你們所說的「愛爾康大靈」，就是從拉·穆時代開始，在這一萬數千年的歷史當中，以兩、三千年為間隔，降生於世間的靈魂兄弟※，對吧？

是的。

天御祖神　除此之外，你們還提及到「阿爾法※」（Alpha）、

※ **靈魂兄弟**　作為愛爾康大靈的「分身」、「靈魂兄弟」有，拉·穆（1萬7千年前）、托斯（1萬2千年前）、奧丁（8千～9千年前）、利安托·阿爾·克萊德（7千年前）、奧菲爾利斯（6千5百年前）、海爾梅斯（4千3百年前）、喬答摩·悉達多（2千5百年前），作為「本體意識」有阿爾法（3億3千萬年前）、埃洛希姆（1億5千萬年前）等存在被判明。

※ **阿爾法**　地球系靈團至高神愛爾康大靈的本體意識之一。3億3千萬年前，進行文明實驗的過程中，因從其他星球飛來的外星人與地球系人類之間產生對立，認為必須將兩方統一在同一個教誨之下而降臨世間，講述「地球的真理」。參照宗教法人幸福科學發行《阿爾法之法》。

「埃洛希姆※」（Elohim）、「愛爾康大靈」，視他們為宇宙中心的存在，對吧？但其實，還有「更上層」的存在。

提問者A 更上層？

天御祖神 嗯。還有著比愛爾康大靈更上層的意識。你們現在稱祂為「地球神愛爾康大靈」，對吧？

提問者A 是。

※ **埃洛希姆** 地球靈團至高神愛爾康大靈的本體意識之一。1億5千萬年前，地獄界等低位靈界開始形成時，降生於現在中東地區，以「光與闇的不同」、「善惡的不同」為中心，講述了充滿智慧的教義。參照幸福科學出版發行《信仰之法》。

天御祖神　地球神上面還有更為高層的存在，也就是「宇宙神」的存在。

提問者A　宇宙神……。

天御祖神　嗯。在愛爾康大靈之上，存在著所謂的「宇宙神」。在宇宙各式各樣的銀河當中，有著發展程度最高的「彌賽亞星球」。宇宙神則是指導若干個彌賽亞星球般的存在。所以愛爾康大靈其實和宇宙還有這樣的一個關聯性。

提問者A　那麼您就是「統御」著全宇宙的存在嗎？

天御祖神　不，不。宇宙太大了，宇宙大到難以「統御」。

提問者A　太大？

天御祖神　對，規模太大，那已超出我的範疇。

我主要掌管的是影響著地球的行星群與銀河，不過這規模並非單靠我一人就能掌管，所以我還與其他人一同分工合作。

而且，其他宇宙中也有著彌賽亞星球，也有其他人在掌管那一帶，也有至今仍未給予地球影響的存在。

但我想這部分，已不是你們的認知範圍。

提問者A 在來到地球以前，您是以仙女座為據點嗎？

天御祖神 不，不是一個。

提問者A 不是一個？

天御祖神 對，不只一個。我至少會同時掌管約五個行星，所以並不單單是一個。

提問者A 譬如說，有什麼樣的星球呢？

天御祖神　仙女座就是其中一個。嗯，還有其他對地球具有很大影響的星座，我在那些地方也有協助過幾回。

仙女座是相對遙遠的地方。

我之所以會立足於仙女座是因為，嗯……因為當時有一部分仙女座的人企圖毀滅地球，所以我才會開始以那行星做為據點。

其他星球上也有「彌賽亞」的存在

天御祖神　嗯，另外，我想和你們說的是……宇宙相當大啊。據說光是銀河的數量，就超過一千億個以上，所以沒辦法的，這實在太困難。

（註：根據美國太空總署〔ＮＡＳＡ〕的調查，他們推測在可觀

測的宇宙範圍當中，存在多達兩兆個銀河）。

提問者A　嗯。

天御祖神　你們在進行外星人靈性解讀時，所聯繫到的彌賽亞星球上的人們，也就是住著彌賽亞的星球，其實多半都和我有關係。當然，他們會用不同的名字稱呼我就是了。

提問者A　原來如此。

大川紫央　被稱之為「彌賽亞」的存在，是否就是「宇宙根源之神」，或是與「根本佛」有所連結的存在呢？

天御祖神　嗯。

（大約沉默五秒鐘）其實彌賽亞就像是飯店的總經理一樣。譬如，「地球飯店的總經理」，其他行星也有這類總經理存在。

此外，在各個銀河當中，也存在許多總經理，而當中又有著「彌賽亞中的彌賽亞」般的領導者。在各個銀河當中，都會有幾個這樣的存在。

然後，掌管幾個銀河的「總領袖」又會齊聚一同，舉辦更「高階的彌賽亞」的集會。

所以啊，宇宙遠比你們想像的巨大許多。比你們想像的還要再更龐大。

「我的『國籍』是『宇宙國籍』」

提問者A　在前一次的靈言當中，您指出了「十二」這個數字，所以您是十一次元的存在，這樣的認知正確嗎？

天御祖神　如果要用你們所能理解的方式說明，大概就在那層級吧。

就連毗濕奴，在他的夢裡所出現的宇宙，都只是宛如一個泡泡。在他的夢中，許多宇宙都像泡泡一般漂浮著。在毗濕奴午睡的時候，銀河就像許多漂浮的泡泡，一會兒浮出又一會兒消失。

但毗濕奴，也僅是我的「碎片」而已。

提問者A 碎片啊！

天御祖神 沒錯。所以我是更大的存在。

嗯……你們幸福科學所教導的是，有阿爾法、埃洛希姆，還有拉・穆、托斯等神，對吧……？

提問者A 還有利安托・阿爾・克萊德跟……。

天御祖神 那一些都是所謂的「大陸之主宰」。他們就僅是大陸的主宰而已。

而我的「國籍」，其實未必是「地球國籍」。雖然名為「天御祖神」，但若真要說起來，比較像是「宇宙國籍」。嗯，要怎麼說才好呢？

阿爾法跟埃洛希姆，都姑且算是擁有「地球國籍」，對吧？

大川紫央 但在靈魂上，您還是與愛爾康大靈連接著，沒錯嗎？

天御祖神 嗯，是有連結的，我是這麼覺得。

該怎麼和你們說明才好呢。

（指向禮拜室的光背的圖樣）這個不就是有類似曼荼羅的奇特圖

樣嗎？就算我指著圖樣上面的一塊，並說我是「這一個部分」，你們恐怕還是無法輕易理解我所說的話吧？

其實這裡面分成很多等級。雖然呈現一個整體的樣子，但裡面有非常多圖樣對吧？中心部分有著一、二、三、四、五、六、七、八片的花瓣對吧？在那當中有一個中心點，然後，八片花瓣之外，又有其他花瓣，以及形成許多像是蓮花一樣的東西。靈魂其實如同這般構造。

我們就是透過好幾層又好幾層的「分光」，繼而照亮著宇宙。

所以當你們問宇宙中究竟有幾個曼荼羅的時候，這其實是個極為難以回答的問題。身為人類的你們，並不被允許知道這些事情。

因此，若要說明我是何等存在的話，以曼荼羅為例，你們應該有看到從中心點散發出來的八片花瓣吧？我就算是那其中一片。

大川紫央　那麼您就是相當接近靈魂核心的存在，也是照亮著宇宙非常大範圍的存在。這樣的認知沒有錯嗎？

天御祖神　嗯，從你們的認知來看，我想可以這麼說。但我比你們想像的還要更大。

所以啊，地球實際上沒有太多我的事情。但如果「地球末日」即將到來的話，我就必須前來。畢竟我還必須決定你們的移居地。

到了那時候，我就必須登場。

只是平常，地球上真的沒有我的事，平常都是交由專門掌管地球的人負責。

總之，你們需要知道，「日本的起始之神其實相當偉大」的這個事實。

6 在日本建造如此高度文明的理由

距今三萬年前在地球所發生的「浩大核子戰爭」

提問者A　那麼，方才有人提問，您「來到地球的目的」是……？

天御祖神　我來不好嗎？

提問者A　不，不，並不是不好……。

天御祖神　啊？

提問者B　我們感到非常光榮。

天御祖神　嗯。

提問者A　關於您「為何在三萬年前來到地球」的問題，我本來預想是有著更加不為人知的理由。

天御祖神　嗯，怎麼說呢？其實……。那時候發生了很大的戰爭。真的是個巨大的戰爭，相當於核子戰爭吧。

提問者A 這樣啊。

天御祖神 這也被記載於印度的敘事詩※當中。當時的地球發生了核子戰爭，曾一度面臨遭到毀滅的危機。

提問者A 原來是這樣啊！

天御祖神 當時，人們都從現在的歐亞大陸逃離到穆、雷姆利亞、亞特蘭提斯等文明。而歐亞大陸則是受到了近似於放射性汙染的破

※ **印度的敘事詩** 古代印度的敘事詩《摩訶婆羅多》當中出現如此場景：比太陽還要刺眼的光芒照射著大地、灼熱的火焰燃盡著整座都市、兵器製造著暴風等各種現象。並且，此書還描述，當人們使用兵器時，「所有居民都一個不留地化為灰燼」、「所有食物都被放毒」等等，記載著與核武的受害非常相似的敘述和特徵。

壞，造成了相當大的劇變。

提問者A　原來如此。

天御祖神　文明當時發生了大崩壞。對居住於那片大陸的人們而言，等同於經歷了「地球末日」般的體驗，因而人們都移動到了別的大陸。這也是我會想在與歐亞一帶最為靠近的日本，建造「精神文明」的理由。

現在的歐亞大陸又回歸到了穩定的狀態，並且以現代文明來說，有著相當強大的力量。

但是在我來到地球之前，印度一帶發生了非常巨大的核子戰爭。

其後，美國大陸那一帶也同樣發生了近似於核子戰爭的大規模戰爭。

這也是沒辦法的事。既然戰爭沒擴大到地球規模，我們便引導人們移動至其他大陸的文明，讓他們能夠重振旗鼓。

並且，發生戰爭的地方若回歸安定，大自然逐漸恢復的話，我們就會在這些地方重建文明。

話說回來，當時的戰爭還真是嚴重啊！所以現在才會有這麼多「沙漠地帶」。

提問者A　啊啊……。

天御祖神　現在從西南亞到戈壁沙漠一帶都是「沙漠地帶」對吧？那是因為那邊的文明曾經全數遭到毀滅，那一帶都是如此。

提問者A　原來是這樣啊！

天御祖神　真的發生了非常大規模的戰爭。

在日本維持住了「東洋文化的高度」

提問者A　這麼一來，在您降臨以後，日本神道所扮演的角色，其實應該是更為重大的才對嗎？

天御祖神

那時候，我們的首要目標其實是放在「儘管規模沒有那麼大也沒關係，至少要讓文明保持在一定規模且具有品質」上，當時是抱著這樣的想法。

你們在學校被灌輸的歷史，譬如「日本在大約六世紀時導入了漢字，並開始文明化」等，都是完全錯誤的想法。

那是全然錯誤的。實際上，我們當時所做的是「先在日本維持住東洋文化的高度，並且若有需要，便將其文化與教義『輸出』到其他大陸及文明」。

我啊，雖然是外星人沒錯，但我還是盡量將我的樣貌，裝扮得像一個地球人一樣。若你們要說我像「仁王」一樣，好像也說得通（笑）。即便我的體型偏大，但要不是以這樣的樣貌呈現在世人面前，不讓人們了解「神就是如此具有威嚴的存在」、「在人類之上還有著更為高階的存在」的話，人們便無法抱持著謙虛的態度，建造一個互相幫助、互相信賴的社會。

所以才會需要一個神的存在。我雖然在地球靈界當中創造了神的存在，但偶爾為了提升地球人的意識，其他星球的外星人，也曾以肉體之姿前來地球，並自稱為「神」治理著世間。這也是事實。

與其說我們與地球之間是突然建立起關係，不如說是早在預定讓人類居住於地球的時候，就已建立了長期持續的關係。

當時，我也曾與愛爾米奧靈商量過一些事。

提問者A 是這樣啊！

天御祖神 愛爾米奧靈，知道吧？就是在不久之前，努力掌管著金星的愛爾米奧靈。

提問者A 知道。

天御祖神 所以第一責任者雖然是愛爾米奧靈，但我是相當於「顧問」的存在，所以並不是第一責任者。為了幫助愛爾米奧靈能夠順利掌管地球，我曾偶爾來到地球給予過一些建議。

天御祖神與天照大神及其他諸神之間的關係

提問者B 我想，在您降臨於日本之後，日本文明的碩大起源、方向就已慢慢地被建立。在那樣的大潮流當中，作為日本神道的眾多神明，出現了日本的中心神的天照大神，以及其他神明等等。我想請教，那些神的存在與您有何關係呢？

天御祖神 嗯。天照是從織女座來的。當時愛爾康大靈發起了「人事異動」並將天照呼喚到地球時，祂應該有考慮「該把天照放在哪裡最好」吧。

大川紫央 能夠對織女座等附近一帶的行星上的人，發佈「人事異動」，愛爾康大靈是位於那般立場的存在嗎？

天御祖神 嗯，當然。所以與地球有直接關係的地方，我想祂都是以整體的、集團的觀點看待，就類似於「幸福科學集團」那般。

大川紫央 類似執行長的存在（笑）。

織女座與昴宿座的至高神的真面目為何？

提問者B　在過去的宇宙靈性解讀當中，我們也瞭解到，與地球緣分深遠的織女座與昴宿座等等行星，也有著相當於愛爾康大靈般的至高神存在。然而至今我們還是不知道他們的名字，以及他們講述了何等教義。

如果可能，哪怕是一小部分也好，能否請您為我們揭開當中的祕密呢？

天御祖神　這都是同一個人物。愛爾米奧靈是愛爾康大靈的前身。愛爾康大靈在成為現在的身分之前，祂只是在織女座、昴宿座等各種地方，冠上了適合當地的名字，但其實都是同一個人物。

提問者B　主神在織女座及昴宿座時所使用的名字，若要以現代地球的話語來形容，那會是什麼樣的名字呢？

天御祖神　我想你們只要去想與愛爾米奧靈、愛爾康大靈有關的名字就好了吧。

嗯，是因為你們叫我取名，所以我才取名的，但就類似「愛爾織女」等等，哈哈哈哈（笑）。愛爾織女還不錯吧？或者「愛爾昴宿」（註：本靈言收錄後的二〇一八年十一月十二日，在《織女座的主神　赫姆的靈言》的收錄當中，證實了織女座上存在著與愛爾康大靈本體有連結的至高神「主神赫姆」）。

提問者A　（笑）我瞭解了。謝謝您。

7 天御祖神所講述之「宇宙的祕密」

宇宙當中既沒有「終點」也沒有「起點」的概念

提問者A 能否和我們講述，您所切身感受到、更為深奧的，與「宇宙的起源」相關的事物呢？

天御祖神 幸福科學雖然說「宇宙的歷史為一千億年」，但這一千億年也只不過是近期的事情而已。

提問者A 啊啊，是這樣啊！

天御祖神 我個人認為，把這樣小規模的事情，用像是欺騙小孩子的方式告訴人們，是無濟於事的。

「宇宙的時間」其實就像是東京的山手線，它會繞著圓圈不斷打轉，所以它既沒有「起點」，也沒有「終點」。當然，也可以把東京站想像成起點站，但那起點站同時也是終點站。

所以「時間」，可以說它存在，也可說它不存在。實際上它是在宇宙當中循環性地流動著。

因為時間是個永久循環的存在，所以不能以「一千億年」這般，將它獨立分割。若時間能夠被分割，那它就不會被比喻為山手線，而會是東海道新幹線，成了往橫向不斷延伸的事物。你們就是這樣理解時間，將它視為一個被射出的弓箭，一種不斷直線前進的概念，對吧？

愛爾康大靈文明的潮流當中，即將展開「宇宙文明」

提問者A　那麼，以地球的觀點來看，您認為在未來，宇宙時代會朝著什麼樣的方向前進呢？

天御祖神　嗯，我想在未來一百年，地球會處於非常「有意思」的狀態。

提問者A　有意思？

天御祖神　嗯。你們終於要趕上宇宙人們的水平了，就快趕上了。這麼一來，你們至今所不知道的紗幕就會被漸漸地掀開。你們也會被呼喚至別的星球上，往後不僅能夠往返其他行星，另一頭的外星人也能在地球上直接現身，進行更深一層的交流。就像現在的紐約，有各國人士前來發展一樣，地球也將迎接眾多外星人從其他行星進出地球的時代。

為了迎接這樣的時代，你們還必須再付出一些努力，還要再努力一點，但你們已經相當接近了。

既然「愛爾康大靈誕生到世間」已經發生，「愛爾康大靈文明的潮流當中，將會開啟宇宙文明」也會發生才是。

你們必須再努力一點，因為愛爾康大靈的教義，大概是個能夠連貫到宇宙文明的教義。我不知道今後其他宇宙中，是否會有人派「遣唐使船」前來地球，抑或是由地球人派「遣唐使船」前往其他宇宙，但是這樣的文明交流就快要開始了，並非那般遙遠的事。

因此，你們要以成為「世界宗教」為目標。

基督教與伊斯蘭教，都已逐漸成了過去的事物，佛教和儒教也是一樣，我想都會被你們的教義所吸收進去。所以你們的教義「愛爾康大靈教」或是「幸福科學教」，必須成為地球的中心思想，並在與其他星球交流之際，作為地球的思想主幹。

你們必須展示你們文明的「發展程度」才行。向宇宙展示「我們的文明已發展到這般程度」，並與其他行星的彌賽亞進行協議。

我想，如果交流是可行的，那麼文明交流也將開始。

你們的彌賽亞，在某種程度上，跟各種行星和銀河都有所連結，所以你們或許難以理解祂在全宇宙當中的定位。但就我所認知，我相信祂的力量並不差。

宇宙相當巨大，所以很難去理解其全貌。但你們用望遠鏡所能看到的範圍，其實祂都握有著一定的權限。

是否能認識到全宇宙的「根本佛」存在

提問者A　全宇宙的彌賽亞，總領導，以及更高層的彌賽亞，所謂的根本佛是……？

天御祖神　啊啊。你想要試圖理解那根本佛的存在嗎？

提問者A　對。

天御祖神　你想要我解釋那麼多啊。這樣我得講到二十次元以上的事情才行。

提問者A 如果您能在我們的理解範圍內和我們講述的話……。

天御祖神 你們還是放棄比較好。

提問者A 放棄嗎……（苦笑）。

天御祖神 這其實就像是在一個四面都是玻璃的電梯當中，看著下方的街道，像是看著夜景一般，電梯逐漸往上升的感覺。就只是看事物的觀點在不斷上升，如此而已。

提問者A 您能夠認識到那根本佛的存在嗎……。

天御祖神　嗯？這我怎麼可能辦得到？我當然沒有認識到一切。

提問者A　這樣啊。

天御祖神　當然，所以我才會叫祂「愛爾康大靈君」啊！我們實質上是「同一性質」的存在。

提問者A　等等，但根據我們所學的教義，「愛爾康大靈」就是「根本佛」……。

天御祖神　嗯。祂是你們的根本佛。

但要去了解「你們究竟處於宇宙的哪個部分」，這其實相當困難。

你們恐怕只能祈求，不存在著文明遠比你們發達的宇宙。

「裏側宇宙」就像是下水道般的存在

提問者A　在您的認知範圍內，請問「裏側宇宙」的存在是……？

天御祖神　啊啊，那個啊，就是「下水」，所以用不著去管。

提問者A　下水嗎？

天御祖神　對，就是「下水道」。那是宇宙當中絕對必要的東西，所以無可奈何。

提問者A　原來如此。您的意思是「它的規模不足以與表側宇宙相提並論」，是嗎？

天御祖神　如果沒有下水，城市就無法成立。若下水與地上的世界融為一體，城市就會開始到處散發惡臭，發生更嚴重的問題。所以地面上方雖然有環狀線、山手線或首都高速等線路在運作著，但在「地下」也有一大串下水道的網絡。

天御祖神如何認知「平行世界」？

提問者A　我還有一點想請教。您對於平行世界抱持著什麼樣的認識呢？

天御祖神　這個嘛，我不知道你們用這麼軟弱的「平行世界」一詞，自以為理解多少，但就連你們，也都至少同時活在兩個以上的世界。

提問者A　我們也是嗎？

天御祖神　嗯。你們在一天當中大概有八個鐘頭都在睡覺，對吧？那時候的世界，應該不同於你們現在所處的世界吧？

提問者A 那是靈界。

天御祖神 你們去到了不同的地方吧？

提問者A 是。

天御祖神 你們前往的靈界，或許只是在探索著，以自己的居住之地為中心的靈界。但一個更有靈性能力之人，就能夠前往超越自己居所的靈界。他能夠去到「過去」、「未來」，甚至能夠超脫，前往其他空間。有些人會有這般經驗，而這也算是平行世界。

但如果你們所想像的平行世界，是一個「完全一模一樣的人在同一個時間軸當中，並生活在地表上」的話，那麼真相其實並非如此。

因此，若想以肉體之身「解開靈界的真正祕密」，有其困難度。

若你們以目前的狀態進入平行世界的話，一般來說都會被送進精神病院才對，畢竟，你們還沒有那般認知。如果你們想在白天的生活當中就體驗平行世界的話，那就得超越光速才行。那是一個「超越了光速才看得到的世界」。

我想這部分，就得看「隆法大師」願不願意向你們講述，這也需要取決於「時機」。關於這一點，毗濕奴神也十分了解。所以我想那時機遲早會到來的。

你們現在還處於必須背誦許多英文單字的時代，所以是否先不要去想那麼複雜的事情呢？

提問者A 我瞭解了。

8　日本人的起源當中所蘊藏的「宇宙能量」

電影「若是世界消失了希望」當中的「痊癒力量」為何？

提問者B　時間也快差不多了。

天御祖神　對。

提問者B　今天天御祖神降下的靈言，預定將在電影「若是世界消失了希望」上映公開之前，提前一步向大眾揭示，此部電影的主角名字為「御祖真」。

關於主角的名字，您是否有給予一些靈感？

天御祖神　……這個嘛，名字這點小事，借給電影使用也無妨。

提問者B　透過本部作品，我們應該對觀眾傳達什麼樣的訊息才好呢？

天御祖神　對了，我剛剛忘了說，在我降臨於日本的時代，我們聚集眾人的信仰的方法當中，其中之一便是靠「痊癒力量」。人們之所以會聚集並皈依於此，理由就在於我們有著非常強大的治癒力量，能治癒各種疾病。

該怎麼說呢，那並非輻射，其實就是某一種「宇宙能量」。透過照射宇宙能量，能夠治癒許多地球等級的疾病。

還有一點，就如同剛才所說的「時間軸」，我們有辦法重新啟動「將時間再次返回到發病之前的狀態」。所以現在生病的人也能夠回歸到健康的身體，身體機能也能再生。

就像這樣，我們是透過你們所不知道的「宇宙光線」、「宇宙輻射線」一般的力量，來治癒各種疾病。另外，人們之所以會生病是基於某種理由，而其理由經過現象化，才形成生病這個結果。而我們能夠做到的是，回溯此人的狀態至「產生那原因與行為之前的狀態」，並使此人的心境回歸到「正確的心境」。這麼一來，不僅作為現象的疾病會消失，也有著讓許多事物都能夠再生的機能。

所以說壽命，其實是個若有似無的東西。

神所創造的永遠持續的「累積人生經驗的機制」為何？

天御祖神

但這在日本神話當中，其實早已被揭露。譬如「浦島太郎」的神話中，主角「僅在龍宮城度過三年時間，實際上卻已過了三百年的歲月」。「海幸山幸」的故事也是如此，當主角被仙女接待之時，時間便不知不覺地流逝。

那是因為，當一個人超出光速地進行宇宙旅行時，若沒有妥善設定回來的時間點，此人便可能回到「未來」，或者「過去」當中。

我剛剛雖然舉了山手線的例子，但說實在話，山手線的列車時刻表，其實是更為密集的。若將山手線比喻為一個「時間之輪」，那麼宇宙當中，有著好多層運作中的山手線。

因此照理來說，在某一個時間之輪裡頭的人，是無法跳脫其中的。倘若有人能夠跳脫到另外一個「時間之輪」，移動到旁邊的山手線的話，那麼此人就相當於「移動到了別的時空」，近似於平行世界的地方。一旦進入了「別的時空」，便會進入「別的時間」。

所以，神創造了如此「永遠持續的累積人生經驗的機制」。

所以只要搭乘的是同一條山手線，就如同「因為某個時間點發生了這般事情，所以寫下了這般歷史」，你們還是會依照固定的時間順序經歷各種事情。但也會有與其他山手線交錯之時，那時，你們若能夠跳到另一條山手線，就能經歷「其他人類」的「起點到終點」。

實際上，山手線有著層層疊加的鐵軌。所以說，平行世界並不是「重疊的世界」，也不是「並行的世界」。而是該說那個時空，其實流動於「好幾層」的世界。這是一個連愛因斯坦、霍金也都不知曉的世界，不過你們的大師應該是知道的。所以總有一天，祂或許會教導你們。而我呢，其實也是依據這個原理移動於宇宙之間。

因此，過去、現在、未來都是同一個站點。地球、織女、昴宿、仙女及其他行星則宛如電車站。就像乘坐電車時會告知「下一站，惠比壽」、「下一站，澀谷」、「原宿」、「新宿」等等，只要搭上了這輛名為「時間之輪」的電車，它就會自動載你到各處。若錯過下車時機，只要再等一個鐘頭，它就會再繞回來。我就是這樣進行著「宇宙旅行」，就是這麼一回事。

而我的立場與使命，就在於確認每一輛電車是否都有在順利運行。

但有時候還是需要「休息」片刻，所以有幾個人員可以交替，好讓我休息。

日本文明遠遠超過兩千年

天御祖神

要解釋我與愛爾米奧靈、愛爾康大靈、阿爾法、埃洛希姆有什麼樣的關係，有些困難之處。不過日本文明若真的如現在的教科書所寫，只長達兩千年的話，那麼我就將不存在，只能算是個「活在平行世界的日本主導神」而已。

透過這次靈言，我的樣貌稍微「浮出了表面」。但對於人們而言，這就只像是看到我乘坐在往反方向行駛的車輛，並隔著窗戶思索著「咦？剛剛在對面的人是誰……」。

雖然我沒有使用尊稱來稱呼他們，但這不代表他們比我「低階」。只是我們現在做的工作略有不同而已。嗯，我們是同一性質、同一個人物……啊，不是人物，應該要說「同一個神佛」？我不知該怎麼敘述，總之就是這麼一回事。

大川紫央　在日本神道的起源當中存在著「天御祖神」之事，我認為是必須要向所有日本人傳達的事實。

天御祖神　嗯，沒有錯。

大川紫央　雖然我們是以電影為契機，但我們還是希望能夠讓更多人知道，日本神道當中，其頂端存在著如此偉大的神。

天御祖神　嗯。托斯現在正指導著川普。他正透過川普指導整個世界，所以我想他應該是想藉此連結川普與幸福科學吧。

這是愛爾康大靈第二度與日本文明有關聯？

大川紫央　最後我想請教，自從幸福科學發跡以來，我們便被教導大川隆法總裁先生的靈魂是首次誕生於日本。但今天我們之所以能夠請您降臨於此，我想也是因為幸福科學的教義涵蓋的範圍越來越廣大。

從您與祂的關係來看，準確來說，總裁先生的靈魂是「第二度」與日本有關連，我們可以這麼理解嗎？

天御祖神

這個嘛，我畢竟是自天空降臨而來。就這層意義上來說，我並非「作為日本人出生」的。

但我過去曾降臨於日本，所以確實是日本人。算是多重國籍，應該算是「雙重國籍」吧？其他神也一樣，以前出現的天空神，也都是雙重國籍。

古時候的人們，其實並無法區別「神」與「外星人」。有時候這兩者是相同的，但有時候卻不盡是如此。在過去，曾經有降臨到九州、奈良一帶、富士山一帶等各種地方的外星人。

我想說的是，我希望日本人能夠知道「與猶太、印度、中國與歐洲等文明相比，日本一點也不遜色」。且雖然「穆文明當中，有一部分傳至日本」這一說法屬實，但也須知「當初對穆文明具有影響層面的是日本」。

然而，這僅是「近期」的事情，只是這幾萬年的事情。若講到這幾億年的歷史，說法又會出現些許不同。

如果你們想要驗證我所說的話是否屬實，那你們就去問阿爾法、埃洛希姆或其他人吧。但我無法斷言他們所說內容的正確性，還得端看他們是否對日本有所認識。

我姑且算是曾以肉體之姿現身於地球，並被人們視為神明祭拜過。只是當初由於宮殿為木頭所製，所以很遺憾地，這些遺跡皆沒能流傳至現代。

現今，富士山麓一帶聚集著各式各樣的宗教，我想終究是因為那裡有著容易聚集靈性事物的磁場。富士山的事，你們遲早也得進行說明。

在我前來之時，富士山剛爆發，我是為了停止它而前來的。

提問者A　您有成功阻止嗎？

天御祖神　嗯，有。我有暫時阻止它繼續爆發，讓周圍的樹木得以茂盛地生長。嗯，我算是為了阻止它而來的。

地球面臨危機之時，將出現宇宙規模的救援

提問者B　我想問最後一個問題。今天您以靈性之姿降臨於此，是否是因為

日本正面臨著非常重大的分水嶺呢？今後，我們身為日本人，應該抱持何等心態呢？

天御祖神

其實說不上分水嶺。

畢竟，你們必須扮演「領航員」的角色。你們擁有「身為地球文明的領航員」的使命。因為你們就像是站在船頭觀看著這地球的存在，所以你們有著如此重大的使命。針對地球文明今後的走向，你們必須給予人類預言，或者指引其方向。

接下來，你們將迎接「與宇宙文明交流」的時代，因此你們必須先處理前一個階段的問題。

而且到時候，預計你們將面臨幾個地球規模的危機，這得觀看你們如何克服。愛爾康大靈及其弟子們會如何克服二十一世紀的問題，這就是我所關注的。

倘若真的有需要之時，我的工作就是「給予宇宙規模的救援」。我並沒有想那麼直接性的介入其中，不過當真的需要「宇宙規模的救援」的時候，我還是會介入。

你們雖然害怕著說道「爬蟲類型外星人如何如何」，但就我看來，他們只是我用殺蟲劑稍微噴一下，就能輕易將其滅殺的存在。所以啊，若真發生什麼事，就放心交給我來處理吧。

因此，我希望你們能呼籲所有日本人，喚起他們心中的信仰心，哪怕是心中一小碎片也好。天照肯定也會努力支援日本，再說，愛爾康大靈也如此努力，我想祂會庇護你們的。

關於「覺悟」，祂其實早已覺悟到我方才所說的「多次元宇宙」中的「多次元平行世界」的境界。所以我想需要之時，祂應該就會對你們講述其教義。嗯。

提問者A 是，今天真的是很感謝您。

天御祖神 （朝向大川紫央）不需要和大家說說妳的樣貌嗎？

提問者A 那麼就麻煩您了。

天御祖神 她當時是個美麗的女性。

提問者A　您們當時一同降臨於日本嗎？

天御祖神　沒這回事。她是「地球產」的，所以沒有這回事。

她是由愛爾米奧靈、愛爾康大靈的靈魂的內側所創造出來的存在，所以與其他人種稍微不太一樣。嗯，作為「分靈」，她畢竟是被特別創造出來的存在。

提問者A　今天真的很感謝您。

天御祖神　好。

9 天御祖神的教義，還有更多深奧之處

大川隆法 （拍三次手）看來是一個蠻古怪的人。

提問者A （笑）

大川隆法 在前一次靈言當中，我猜想他之所以沒有講日語，是因為他不想回應當時那位提問者的問題。如果與這個提問者對談，其對話可能就會變得像「漫畫」一樣過於戲劇性，所以他才感到排斥也說

不定。

不過我想，「他當時正好在做其他工作」也是事實吧。

提問者A 原來如此。

大川隆法 倘若幸福科學的教義，廣佈得不夠廣泛、願意聆聽他話語的信眾不夠多，他或許也就不太能揭開更多事情吧。

換句話說，如果大家都能夠抱持著「比起霍金、愛因斯坦的話語，不如來聆聽天御祖神的話語，還更貼近真實」的共識，他或許就能夠將更多奧祕分享給我們。不過，日本的「媒體的民主主義」當中也有低次元的存在，所以除非宗教能夠恢復到「過往的尊嚴」，他恐怕不好向我們道出真相。
但話說回來，他看起來相當有餘裕，所以他似乎還藏有更多、更深奧的祕密與體悟。
以上為本次的靈言。

提問者一同　謝謝您。

後記

本書是至今我所講述的教義當中，頗為特別的一本書籍。

天御祖神表示，他在距今大約三萬年前，曾率領大約二十萬人的大艦隊，遠從仙女座飛來，並著陸於日本富士山麓上。

我相信更多具體的事物將在往後揭開，但若是從本會所講述的「起始之神阿爾法曾在距今三億三千萬年前降臨於世間」的事實來看，此書中所講述的「早在兩萬七千數百年前的『神武東征』以前，就已存在日本的大神」的內容，自然不會令人感到驚訝才對。

藉由閱讀此書，日本人能夠對於自己出生在這個國家而感到驕傲，且能夠體悟到「愛爾康大靈之法」是由日本發佈的理由。總而言之，本書或許不應被視為一般書籍販賣。對於偶然拿到此書的讀者，我也希望你們能夠將此書視為貴重的事物。

二〇一九年　一月十三日

幸福科學集團創立者兼總裁　大川隆法

PART
II

《天御祖神的降臨》講義

前言

這實在是一個不可思議的故事。「日本文明約三千年」是目前普遍的說法，但從此書當中可以得知，天御祖神降臨於日本是在距今約三萬年前。他當時似乎率領了大約二十萬人，自仙女座乘著太空船降臨於靜岡縣一處能展望富士山的原野。在之後的兩萬七千年當中，日本歷史究竟發生了什麼事呢？我相信《古事記》、《日本書紀》當中的諸神們，發起了「神武東征」。

雖然尚須填補這段空白歷史，但端看天御祖神的教義就能夠發現，他所教導的盡是現代日本所著重的「禮儀作法」、「敬仰之心」、「達成和諧的方法」等教義，我想他無疑是日本神道的起源。

此外，被視為神一般的存在之古代中國傳說中的聖王「堯」和「舜」，其靈言雖然沒有收錄於此書中，但其內容揭示其實堯舜與天御祖神為同一人。舜迎娶堯的兩位女兒為妻，其中一人「女英」即被推測為洞庭湖娘娘，這即能夠證明她是愛爾康大靈的弟子。

二〇二一年　二月二日

幸福科學集團創立者兼總裁　大川隆法

第一章

《天御祖神的降臨》講義

——日本文明的起源為何？——

二〇一九年二月五日　說法
收錄於東京都・幸福科學總合本部

1 登場於《秀眞政傳紀》的天御祖神

同一時期所編纂的《古事記》與《日本書紀》之間的差異

今天，我想針對《天御祖神的降臨》一書（本書 PART I）闡釋義理。我相信讀者在讀完此書後，對於內容應該不會有什麼疑惑，因為內容一如此書所寫。但由於我的弟子難以針對此書進行講義，因此我想補充一些額外的資訊，以便讓讀者能有更深刻的理解。

就內容來說，還有許多不明確之處，而我本身也沒有那麼頻繁地與天御祖神接觸，所以我想稍微作些補充。

雖然《古事記》與《日本書紀》為日本歷史書之起源，然而《古事記》是在七一二年，《日本書紀》則是在七二〇年所編纂，兩本書物的出現年份相差八年，但內容迥然不同。《古事記》有濃厚的神話色彩，反觀《日本書紀》神話色彩較少，講述了較多有關歷代天皇的內容，整體篇幅也較多。

然而，這兩本書物當中皆出現了「天御祖神」這一號人物。

《古事記》當中，最初登場的人物為「天御中主神」，另外也出現幾位皆非肉體之身的「獨身之神」，也就是「沒結婚也沒有家庭的神明」。之後其他人物就大量登場，並從途中開始出現了與皇室相關聯的人物。

《日本書紀》則是由「國之常立神」最先登場，由他延續至後代。

此外，雖然在《古事記》出現了「天照大神」，但在《日本書紀》中她卻是以「大日孁貴」之名登場。

使用秀眞文字並記載著天御祖神的《秀眞政傳紀》

除了上述兩本書物之外，還有一本更古老但非正史的書物，也就是《秀眞政傳紀》。

此書為外傳，因此難以判斷要如何加以看待，而當中所使用的文字是獨特的「秀眞文字」，既然是以如此文字記載，所以應該是屬於相當古老的書物。

當然我們也不能否認，在江戶時代或者更早之前的年代，曾經可能出現一位語言天才，為了撰寫皇室的歷史，特別發明了秀眞文字並編纂了此書物。換句話說，就像中世紀時曾出現過拉丁語等各種語言一般，編撰此書物之人就需要在那些語言出現以前，先發明相當於拉丁語或古印度梵文的人工語言。也因此，日本歷史文獻確實有著「難以分辨時代背景」的一面。

另外，日本歷史書物當中還存有《泥海古記》一書，是由天理教的教主中山美伎所撰寫的著作，其中稍微描述了距今九億年以上超古代的內容。故事始於一隻形似烏龜的生物，於類似「有明海」的泥海當中爬行。該書物描寫了如同創世紀般的內容。

相傳《秀眞政傳紀》是由武內宿禰所寫，而武內宿禰是一個廣為人知的名字。

我想應該是在二次大戰以前，日幣紙鈔上曾印上留有鬍鬚的武內宿禰的肖像。我並不清楚人們當時是藉由靈視，還是憑空想像將其樣貌描繪出來，但他的名字似乎在戰前就已是眾所皆知。

若要舉出《秀眞政傳紀》與《古事記》、《日本書紀》之間的差異，那就是《秀眞政傳紀》當中出現了比天御中主神還更古老的天御祖神。其名字究竟該讀為「Ame-no-Mioya-Gami」，還是「Ame-no-Mioya-Kami」，抑或是「Ame-no-Mioya-no-Kami」，我不是很確定，但我是以較為易讀的「Ame-no-Mioya-Gami」來稱呼他。

若承認出現於《秀眞政傳紀》當中的如此存在，恐怕他就是日本歷史中最為古老的神。

「距今約三萬年前，帶領大艦隊從宇宙前來地球」的天御祖神

除此之外，透過大日孁貴等其他諸多靈人的靈言，我們得知日本有著更為

悠久的歷史。

根據《大日孁貴的靈言》，「日本列島曾在距今大約二十萬年至三十萬年以前的時代，與大陸分離，成為一個沒有與中國、俄國連結的獨立島嶼。當時日本有著獨自的文化，但在距今約三萬年前，曾有大艦隊從宇宙飛來」。

這類說法其他地區也時有所聞，我認為那確實可能發生。

儘管如此，三萬年仍舊算是短的，因為我認為日本歷史甚至長達「三億年」之久。三億年相當於三萬年的一萬倍，所以我並不清楚外星人過去曾幾度飛來地球。但既然大日孁貴在靈言中揭示「天御祖神在距今大約三萬年前，從仙女座帶領了二十萬人飛來日本，降落於能夠眺望富士山的靜岡縣一帶」，那麼當時想必就有相當多的太空船前來。

富士山確實是日本列島中最為顯眼的地標，且推測當地含有豐富的食糧，所以大日孁貴說「天御祖神降落於該處」。

關於《秀眞政傳紀》與另外兩本書物之間的差異，此書除了提出「天御祖神」的存在，還點出「天照大神為男性」一說。也表示日本的三貴神「天照大神、月讀命、須佐之男命皆為男性」。

靈魂降生於世間時，本來就會時而生為男性，時而生為女性，所以針對性別一事，我並沒有特別的意見。

2 「天御祖神」究竟是何等存在？

為何他在初次的靈言當中沒有講述日文？

若看《天御祖神的降臨》（本書 PART I 第一章）當中，天御祖神與提問者之間的對話，會給讀者一種「快抓狂」的感覺（笑）。我不知道那對話究竟是否有參考價值，我想我們可能被他稍微嘲弄了一番。

之後（本書 PART I 第二章），他就開始使用日文，所以或許我們真的被戲弄了一番。當時在特別說法堂收錄靈言時，他道出的是日文，所以他可能認為初次登場時，做出「令人意想不到的事，或許比較有趣」。

他在第二次的靈言時表示，「我能說日文，只是當時沒說而已」。因此在收錄第一次的靈言那天，或許他心情不佳。

從仙女座來到地球的人數不是那麼地多，且我們掌握到的實際數目更是少。以與地球有著超過兩百萬光年的距離來判斷，目前來到地球的外星人當中，他們可謂是來自「極為遙遠」之人。

因此，直接從仙女座前來地球的人恐怕非常少。我推測他們多半先移動至銀河中的其他行星，在那裡繁衍後代之後才前來地球。

天御祖神之所以在初次靈言當中沒有講述日文，或許就是為了表示「他已長時間沒有身處於地球」吧。

遠比天照大神或天御中主神來得更古老的「天御祖神」

根據《古事記》，天御中主神是最初的神，但若天御祖神早在距今約三萬年前降臨於日本的話，我們又該如何解釋日本歷史呢？

本會過往發行的相關書籍，推測「天照大神大約是兩千八百年前的人」，而「天御中主神則是在稍微久遠一點、差不多不到三千年的時間點，降臨於九州」。倘若天御祖神是三萬年前的存在，那將是更古老之人。在那段期間降臨了多少人物，對此則是不得而知。

並且，目前在位的天皇為第一百二十五代，即將邁入第一百二十六代（說法當時），但若是根據《秀眞政傳紀》推算，現在應該已是第兩百幾十代才對。因此，除了現在人們所認知的歷代天皇以外，應該還有一百多位更為古老的人物。

不過若是如此推算，那一百多位天皇每位的平均壽命，都是長達一百多歲、兩百歲等極為長壽的壽命，所以不知真相如何。

且就連傳遞如此內容的武內宿禰，都被編輯部附註為「壽命約三百歲」，被形容為「極為長壽」之人，對此實在無法加以考究。

然而，有一說是「人的壽命不可能那麼長，『武內宿禰』應該是代代傳承下來的名字。就像歌舞伎演員『中村錦之助』、『市川團十郎』的名字，亦是一代接著一代所傳承下來，『武內宿禰』之名或許也是由武內一家的繼承人代代相傳，並傳承了那文書」。

此外，古老的猶太人當中，也不乏出現了活到幾百歲、一千歲的人物，雖然難以判斷其真假，但古時候的人似乎會被這般描述。

總裁輔佐與職員皆在同一天做了「天御祖神的夢」

天御祖神的樣貌至今仍不明確，但在《天御祖神的降臨》當中，有一段插曲。某一天，大川紫央總裁輔佐做了一場夢，她說「在夢中看到了天御祖神的神社」。

她明確地描述「在一個斜坡的兩側，有著木板製的走廊，就如同長谷寺的構造一樣，兩側有著逐漸下降的走廊。在那中間有著類似庭院的空間，在那之上則有著像是木造的神社，有眾多人們聚集於走廊兩側等待。

之後，天御祖神從中間慢慢走下來，人們則是跪坐加以敬拜。就在她以為天御祖神會繼續往前走時，他卻停下腳步，開始說法」。

她是在二〇一八年七月二十二日做了這個夢，雖然不知道這事能否公開，但就在同一天早上，宗務本部的職員也同樣做了有關天御祖神的夢。

這位職員說到「她在同一天早上做了一場夢。在夢中她拚命地清掃著一個極為龐大、像是檜木製的浴桶。她使勁地擦拭那浴桶，並感到納悶，究竟是何等體積之人會泡在如此巨大的浴桶中」。當我結合這兩個夢之後，我感覺到這兩個夢境大概有所關聯。

那浴桶彷彿是為體型龐大的相撲力士所設計，對照夢境當中的場景，的確是那麼一回事。

如同「二十五公尺高的橫綱」，坐下時宛如大佛

現代日本有相撲比賽，若究其起源，或許能回溯至三萬年以前。天御祖神

給人一種近似於「相撲力士」的形象。

當我請紫央敘述他的樣貌時，她描述天御祖神宛如金剛力士像一般，「身材非常結實，雖然並非全裸，但僅裹著一層像是衣服的布料」。或許現在相撲的樣貌是源自於天御祖神。

雖然我沒有實際測量過他的身高，但我曾在一次與他的對話當中詢問過這個問題，他回答「二十五公尺」，我不太確定其真假，因為這數字過於巨大，根本就相當於怪獸的體型（笑）。

起初我以為我將「二點五公尺」聽錯為「二十五公尺」，但為了避免失禮，我沒有重新問他一次。不過畢竟哥吉拉有八十公尺高，所以我想二十五公尺也還算是在合理範圍內。若問為何他的子孫身高變得那麼小，或許是因為地球的食糧不足。

這部分不得而知，但他本人的確表示「他有二十五公尺高」。若他是一個二十五公尺高的橫綱，體型就實在是非常驚人。坐下來的話，就差不多像是大佛一樣。

為何《秀眞政傳紀》會被視為外傳？

據說《秀眞政傳紀》為武內宿禰所撰，但這畢竟是古代之事，所以無法確定是由他本人還是由其他人所撰寫。有可能是透過巫術，接收古代的訊息後，將內容書寫下來。也可能是透過印度時有所聞的「口傳」方式傳承下來。

但《秀眞政傳紀》之所以會被視為外傳而非正史，或許是因為此書雖然屢屢提及天照大神，卻將她描述為「天照大神是男神，但有皇后的名字且有著孩子」。在二次大戰以前，人們普遍認定天照大神為女神，因而那可能與當時的普遍認知有所矛盾。

「天照大神為女神」的說法其實在很早之前就已確立。當時，持統天皇還在位時，正好要開始編纂《古事記》與《日本書紀》，據說她是為了正統化自己「女帝」的地位，繼而將天照大神的形象樹立為女神。但這不見得是事實，畢竟天照大神在過去曾降生為男性，亦曾降生為女性，所以其性別可能會依時代而有所不同。

可將天御祖神的教義視為「日本神道教義之根源」

天御祖神講述的教義，記載於本書的第一七二頁之後。

其一為禮儀作法，他教導了人們禮儀與相關作法。

其二，他教導人們「天與地之間的差異」。

其三，他教導了「男女之間和諧相處的方法」。

其四為「在人生的重要階段進行儀式」。譬如結婚典禮、孩子出生之時、成人之時、死去之時，在人們的這些重要時刻，要透過儀式，請求神作為證人，獲得神的認可。

其五為舉辦「祈願與祭典」。

其六，他教導了人們要抱持「敬仰之心」，以及「信仰」及「學習」的重要性。

其七，他教導了「秩序」及「如何達到和諧的方法」。

如此看來，他的教義涵蓋了日本神道的所有基本想法，所以或許可以將其視為「日本神道的教義起源」。

這麼一來，本會初期的靈言集當中所述的「九次元靈中國孔子的教義以及紫色光線當中，包含著日本神道的教義。孔子的教義在傳遞的過程當中，日本神道的思想也加入至其中」，以及「在江戶時代，儒教被視為日本國教而延續了三百年之久，因此神道是在儒教影響下所產生的思想」，以上兩種想法皆遭到了顛覆。

若是天御祖神的時代早於孔子，並且如果日本比中國更早獨自發展出相當於儒教的思想，那麼儒教反倒有可能是從日本流入中國。

按照如此說法，基本上儒教與日本神道的教義確實大致吻合。不論是「敬禮鞠躬」、「秩序」、「和諧」、「祈願」還是「敬仰之心」等，皆是在儒教當中也會傳授的教義。

被推定為與幽浮金屬相似的「緋緋色金」

除此之外，天御祖神也提到，在鐵器或青銅器之前，就已經有金屬存在。我記得這在《秀眞政傳紀》及《竹內文書》當中也有所記載，那是名為「緋緋色金」的金屬。我是稱其為「日緋色金」，那些書物當中時常提到這「緋緋色金」的物質。

這是一個神祕的金屬，我尚不瞭解它究竟是何種物質，但推測它與製造幽浮的金屬物質相似。

據說它出乎意料地輕盈，質地卻非常堅硬，雖堅硬卻又容易加工。這種金屬有時會在日本出現，屬於謎一般的金屬。

總之，這「緋緋色金」的物質屢屢出現在書中，我想這應該可以被視為一種「宇宙的證明」吧。

雖然當時真的可能存在這種金屬，但人們漸漸地將其耗盡，繼而改用石頭、木材等材料建造各式各樣的事物。

3 「天御祖神的降臨」顛覆了日本文明的定說

根據天御祖神所述，日本文明比雷姆利亞與穆文明更為古老

此外，本會認為「穆文明流入了日本文明當中」，但根據天御祖神所述「日本的文明其實更為古老」。甚至他還表示「日本文明比較古老，所以雷姆利亞文明和穆文明都是我所指導的」。

另外，至今印度的最高神被世人認定為毗濕奴神，但在毗濕奴神的故事當中，也包含一些「宇宙創世」的內容。據說當毗濕奴神在蓮花池附近睡午覺，

在他意識朦朧之中所夢到的世界，直接化成了現實中的宇宙。

這是一個規模巨大的故事，即便如此，天御祖神對此卻仍表示「毗濕奴神只不過是分身一般的存在」。如此說話頗為誇張，這也不得不讓我懷疑「或許他就是日本天狗的元祖」。

我認為他在這一方面對日本神道產生了重大的影響。

在這層意義上，他表示「印度文明與穆文明受到了日本的影響，其文明沉沒之後，其影響力又再度傳回至日本」。

「天御中主」很有可能是「來自宇宙的外星人」的自稱

至今，我們都以為天御中主神即是日本神道中最為古老的至高神存在，但如今出現了年代更為悠久的神。

的確，端看《古事記》，即會發現天御中主神是個「獨身之神」，缺乏「實體」，並且祭祀他的神社在日本也十分稀少。

在千葉縣有幾間神社描繪著來自波斯地區的北斗七星的圖案，和一些類似於伊斯蘭教的圖案。在熊本縣也有祭祀他的神社，但綜觀日本全國，祭祀他的神社數量非常稀少。

祭祀天照大神的神社廣佈於日本各地，兩者數量有著巨大差距。或許是因為他太過於古老，要不就是沒有讓人們感受到他實際存在過所致。

從我多方聽到的訊息來看，「天御中主」之名似乎有著「宇宙中央之神」的意涵。但畢竟人們不能夠完全理解「來自宇宙的外星人」的真實樣貌，所以我想人們才會用如此籠統的稱呼。

與其說他是某個特定、有著存在實體的「人格神」，倒不如說是「來自宇宙的外星人」，使用了那樣的名字的可能性還比較高。

並且，天御祖神也說「天御中主偶爾會出現在不同的場合」，所以我不確定那些神明是否彼此有所關聯。

但我想他很可能是搭乘幽浮飛來地球的。

將電影主角的名字改為「御祖真」的理由

之所以會出版《天御祖神的降臨》，其實與今年秋季（二〇一九年十月）我們將上映的電影「若是世界消失了希望」之中的主角名字有所關係。

原先我將主角名字設定為「犬山聰」，但導演提出「犬山這個姓氏很難博得大眾的尊敬，是否能取更好一點的名字呢」，對此我認為確實有一番道理。

我記得「犬山」這個姓氏也是名古屋附近的一個地名，為了改名，最終我聯想到「與武內宿禰有所關連的天御祖神」，進而將主角命名為「御祖真」。

我希望取這個名字不會辜負了「天御祖神」之名。至今我還沒進行過武內宿禰的靈言（說法當時），若是召喚了他，也不知道會出現何等人物。如果武內宿禰是代代傳承下來的名字，那麼我也可能無法召喚出特定之人。但是我認為「御祖真」之名應該還算合適。

天御祖神顧及「日本當今的危機」而闡述了他的想法

天御祖神所講述的其實與當今的定論有所相左。譬如，他提出「日本列島在與大陸分離之後，於距今三萬年前開始發展高度文明，並將其文明傳至穆文明與雷姆利亞文明，之後那些文明還回傳至日本」，以及「日本文化也傳到了中國、俄國、朝鮮半島」。他所闡述的內容與一般普遍的認知恰恰相反。

或許他是考量到「日本當今的危機」，才道出那般話語。

如果三萬年前，天御祖神真的從仙女座前來地球，並打造了日本現代文明的基礎，那麼我也認為他的說法是有根據的。

不過，就算他曾在富士山麓打造了木造的神殿，卻無奈那些遺跡無法留存至現代。恐怕那些現在都被富士的樹海給覆蓋住。

此外，他雖然表示日本文明可以追溯至「三萬年前」，但本會經常講述著三、四億年前的事情，因此三萬年前天御祖神的降臨，究竟是否為最初且最後的降臨，還是說他在更久之前也曾降臨過地球，這方面還需要更多的調查。畢竟中間有過一段相當長的空白期，所以途中應該發生過一些事情才對。

天御祖神可能是十一次元的存在，但還無法定論

除此之外，在那一次靈言當中特別引人注目的是，他說了「他是十一次元的存在」。這話依舊說得很大。

若是與大銀河有所關連之人，那確實能夠與那樣的次元相通，但事實並不明確。

當然，地球上的九次元存在，其核心部分其實是連結到相當高的境界，或許可能連結到二十次元左右。因此，我並不清楚他所說的是哪一個部分。

並且，那般十一次元的存在曾說提問者是「阿呆」，這也難免讓人感到

些許違和感。或許有些人認為他那樣的反應是理所當然，但也有些人認為「十一次元的存在不可能會使用那般粗俗的話語，所以他應該是較接近人類的存在」。

關於這部分實情還不得而知，所以無法反證。但不論是何等存在，有時都會興起想要講那般話的時候。畢竟被許多提問者詢問各種問題時，心情難免會出現波動。

因此，對於他的說詞不能夠照單全收。他雖然自稱自己是比阿爾法或埃洛希姆還要更「高」的存在，但我尚未證實如此說法。

可以接受「日本文明曾存在更為古老的時代」的說法

不過，他所講述的「日本文明存曾存在於更為古老的時代」一事，我想姑且是可以接受的。

但這麼一來人們就會納悶，「從三萬年前至現代之間還有過哪些文明」。即便解釋了這段歷史，我想也只會出現一些近似於「科幻小說」的內容，讓人們陷入更深的疑惑。

然而，我認為至少可以告訴人們「日本曾經存在於更為古老的時代」之事實。

中國人說著中國文明有五千年之久。此外，印度的文明，我雖然不是很清楚，但那究竟有多久呢？或許沒有到八千年，不過人們普遍說其歷史比五千年再長遠一些。中東一帶的文明則是約六千年，埃及則是約七、八千年到一萬年左右。所以，如果說日本有三萬年文明，那是相當悠久的歷史。

天御祖神也把浦島太郎的故事，用山手線比喻為「時間之輪」，並也講述了關於「平行世界」一事，所以他對於時間的概念，或許有一定程度的理解。

此外，《秀眞政傳紀》當中記載，天御祖神曾一度降生於日本。雖然該書並沒有提到我方才說的「他率領大艦隊來到地球」，但指的應該是同件事。

話說回來，二十五公尺高的人真的能娶得到妻子嗎？這已超越我的理解範圍。如果對象也有那樣的身高還另當別論，但總之，他是個謎團般的存在，難以讓人明白其真相。

因為這部分較難以繼續說明，所以若是各位有什麼疑問，請儘管提問。

第二章

提問與回答

——探索日本與宇宙的祕密——

二〇一九年二月五日
收錄於東京都・幸福科學總合本部

Q1 關於日本靈界的祕密與新天皇的即位

提問者A　今天非常感謝您的講義。

我十分驚訝於距今三萬年前，來到日本的天御祖神的樣貌及其教義，竟然留存於現今日本的文明與文化當中。譬如，相撲的形象、歌舞伎的妝容等等，能夠留下如此深厚的文化，實在讓人感到驚訝。這般深厚的文化，是起因於天御祖神在靈性上的強度嗎？

另外，今年（二〇一九年）日本將迎接新天皇的即位。在過去，天皇的歷史對於日本的政治有著非常大的影響力。如今應該如何看待新天皇的即位呢？

煩請您賜教。

釋尊有時也會前往仙女座講述教義

大川隆法　關於《天御祖神的降臨》的內容，多少有反對的聲音出現。

天御祖神在靈言當中曾表示「與他相比，愛爾康大靈的靈魂兄弟，身處於在比他低上許多的次元」，也說著像是「愛爾米奧靈『君』」或「愛爾康大靈『君』」這般隨便的叫法（編注：日文當中，「君」一字用於對後輩的稱謂）。在那之後，我問了釋尊，他說著：「啊啊！仙女座啊！那裡的文化相當落後，我有時會過去教育他們。」釋尊目前仍舊是以地球作為主要活動據點，且根據釋尊所說，他有時會去仙女座，並在那裡進行啟蒙教育，且教育著天御祖神「君」。所以關於這部分，天御祖神的說法不可全盤接受。

從日本神道所講述的內容來看，佛教的教義確實在其之上。且既然釋尊本人都表示「有時候會前往仙女座，為提高其文明而施予教育」，我想這話應該屬實。

因此，關於這「誰為上，誰為下」的議論，應該要適可而止。

綜上所述，文明之間確實存在著交流。印度的文化也流傳到了日本，所以我想「許多文明都是互相連接在一起的」。

不過，神道中並沒有像佛教一樣，詳盡描述了關於心的各種面向的教義。因此從這一點來說，地球確實較為先進，釋尊確實有必要將如此教義，向仙女座的人們講述。

仙女座擁有日本神道所講述的基本教義，譬如「袚除汙穢，保持清淨之心」、「尊崇年長之人」、「端正禮儀作法」、「其他形式上的作法」。相撲力士的模樣，其實隱含著「在神的面前，無一事需要隱瞞」的含意。因此，與其他眾多在地球所興起的宗教相比，神道的教義內容要更為高等一些。

天御祖神所帶來的習俗，啟發了「嶄新的文明」

我不確定「皇室祖先」的血脈連結到了天御祖神，但距今三萬年前，就應該已有人居住於日本。我想天御祖神就是在那時期，從宇宙降臨至日本，帶來了能夠啟發「嶄新文明」的事物。譬如，他教導了人們興建「神殿」的方法以及「祭祀方式」等等。人們用木頭打造了天御祖神神社，而他就會降臨在那神社當中。

現今伊勢神宮及明治神宮也同樣強調著，神社中間的路是為了給神明通過。如此習俗在距今三萬年前就已存在，這的確能呼應到現代神社的習俗，因此我認為他應該將這些文化帶入日本。

日本的靈界觀當中，混入了相當多的「裏側」事物

我認為我們對於日本靈界的研究還不夠充分。

我們平常所獲取的資訊以菩薩及天使系列相對居多，但就像「咯咯咯鬼太郎」及宮崎駿的動畫當中描述的，日本靈界當中存在著相當多的妖怪。但由於我比較缺乏這方面的「朋友」，繼而這些妖怪也鮮少出現在本會之中。我想這兩者世界有著些許不同。

一般來說，裏側靈界屬於較狹窄的世界，但感覺其占比在日本靈界當中卻比較廣泛。我曾閱讀大本教的出口王仁三郎所寫的書籍，當中內容所敘述的盡是妖怪、仙人、天狗等所處的世界，以及妖狐的迷惑之術等等。

書中所描述的世界與「傳統日本靈界」有著非常相似的一面，因此日本的裏側靈界領域，應該頗為廣泛。

雖然日本多少因為佛教的進入，而帶動了近代化，但在明治維新時期以後，日本的表側靈界與裏側靈界之間也曾發生過戰役，妖怪的世界有所衰退，但表側靈界也沒有擴張多大的占比。只不過最近因為日本社會漸漸洋化，而逐漸建立起了能與西方交流的部分。

就這層意義上來說，日本神道的想法當中，雖然有著像天御祖神所說的那樣簡單有序的信仰，以及「表側的儀式」，但從信仰當中的靈界觀，也確實含有相當多的「裏側」事物。這部分多少拖累了日本近代化的發展。

相較之下，西洋文化中的一神教，其教義往往清楚區分善與惡，並教導著「人的修行課題」及「應前進的方向」。因此，我感覺西洋宗教在這一方面確實較為先進。

「來自印度的思想」當中包含著日本的泛靈論

除了妖怪的世界觀，「山、河川、草、木等皆為神明」這般的想法也存在於日本，這就是所謂的泛靈論，萬事萬物皆是神。

最近過世的哲學家梅原猛曾說過，「泛靈信仰才是日本真正的信仰，明治時期以後的神道是錯誤的。神道思想硬是要樹立一神教，將天皇抬舉為現人神，並將日本作為一神教之國。雖然人們不應該『廢佛毀釋』，或對於各種神道派系進行鎮壓，但兩者對於神的思想終究是迥然不同的」。

他當時非常固執地說，「日本所信仰的並非一神教，而信奉著石頭、木頭、山、河川等各式各樣的神明，也就是所謂的泛靈信仰，正是明治維新扼殺了這般信仰」。

泛靈論的思想，其實源自於印度的佛教，印度也有這般想法並相信眾多神明。其神明數量雖不至於到八百萬這麼多，不過印度普遍被視為是多神教的國家。

其中印度教中最為核心的神即為毗濕奴神，他有著如日本的觀音像一般的十個臉孔，其中一個臉孔即為「釋尊」。因此，印度人視釋尊為毗濕奴的其中一個分靈。

除了毗濕奴神以外，印度教中還存在著被譽為戰爭之神、毀滅之神的「濕婆神」。此外，其他較小的神明當中，還存在著「神猴」、名為甘尼許的「象神」，以及名為迦樓羅，有如怪鳥一般的「鳥神」。在印度一帶，鷲等猛禽在飛行時，會突然急速向下俯衝捕食地上的蛇。所以像迦樓羅一樣的鳥，在佛教當中也被視為守護神。

此外，蛇也被視為守護神之一，民間流傳著與蛇有關的傳說。印度人在竹林精舍及菩提伽耶一帶也祭拜著蛇。甚至當地還流傳「一隻巨大的眼鏡蛇，將其頭部大大地展開，化身雨傘讓正在禪定的釋尊避雨」的傳說。

實際上，眼鏡蛇對於進行佛教修行之人來說，屬於相當危險的生物。過去有為數眾多的修行者在山林當中，因為遭到眼鏡蛇咬傷而喪命。我不知道這樣的生物能否稱之為守護神，但印度教與日本神道非常相似，或許都同樣有著祭祀「恐怖生物」的傾向。蛇在佛教當中也同樣被視為守護神之一，其中被稱為「那伽」的蛇化身為龍，昇華為龍神。

就像這樣，印度也存在過形形色色的神，而日本亦是如此。實際上，只要調查靈界就會發現當中有著各式各樣的存在。因此或許也不須訝異於人們將擁有「超能力」、「威神力」的存在視作為神。

「輝夜姬」及「浦島太郎」被視為與宇宙相關

在《天御祖神的降臨》當中有提到，立足於出雲地帶，名為「少彥名命」之神明的存在。《古事記》與《日本書紀》當中雖然都刪減了他的篇幅，但在那兩本書物問世以前，就已發行的地方歷史書《風土記》當中，卻經常提及此人物。他其實就像「復仇者聯盟」當中的蟻人，是一位僅有大拇指左右身形的神，卻能夠大展身手。他應該就是「蟻人的原型」，民間故事中出現的「一寸法師」，或許也是受他啟發而出現的角色。

此外，「輝夜姬」的故事亦是如此。

有一對老夫婦進入竹林當中，偶然發現了一根閃閃發光的竹子。基於好奇心靠近一看，便發現竹節當中有著僅三吋大的小女孩，且身旁放置著大量的金幣，她或許是一個堅強且攜帶著「養育費」前來地球的外星人。當那老夫婦把「持有金幣與嫁妝」的三吋的輝夜姬帶回家之後，竟在短短幾個月、不到一年的時間內，她便長大成人。

看到這裡，不禁會讓人想吐槽「難不成那是熊貓嗎」。熊貓也會在一、兩年之內長大，而輝夜姬也是以如此驚人的速度成長。

成人之後，她便開始受到城裡各種有地位之人的求婚，在她讓這些追求者們競相追求，卻又接連拒絕對方的過程中，漸漸地發現自己必須要返月的時辰已到，因此她開始對外表示「我必須回去了」、「有人會從月亮迎接我」。接著，像是釋迦、阿彌陀佛般的人物從天上乘雲而降，周邊還伴隨著吹笛、打鼓伴奏的其他人們，這些人們要前來迎接她回去。

當地上的人們知道輝夜姬將被帶回月亮，便出動了數百名兵士環繞著輝夜姬試圖保護她。但當迎接之人來臨時，這些兵士們卻變得完全無法動彈，就連射出一支箭都無法做到。

這般身體無法動彈的現象，的確與外星人現象非常相似。時常可以從新聞報導上看到「有人被外星人綁架，身體變得無法動彈，處於一個類似鬼壓床的狀態」，所以那故事內容或許出乎意料地與現實狀況相同。

在《古事記》與《日本書紀》剛問世之際，或約莫在平安時代，曾有類似的消息出現。或許那般「輝夜姬事件」真的在古代發生過。「來自宇宙的小型外星人，為了適應地球，身形突然急速長大，之後又返回月亮」，這般情節或許真的在現實中發生過。畢竟其敘述酷似於外星人現象，所以我想有一部分可能是真實的。

除此之外，「海幸山幸」的故事也有相似的一面。

「浦島太郎的傳說」亦是如此。故事中，浦島太郎前往龍宮城，在那裡開心地玩樂並度過三年的時光，但當回到這世界之後，卻發現時間已過了三百年。並在打開玉手箱之後，隨著煙霧出現轉眼之間變成了老人。當他回到自己老家時，發現老家已經是幾百年前的事情了。三年變成了三百年。看到這裡，我不得不感覺到「主角應該是去了趟宇宙旅行，去了某種水的行星」。

自古以來就存在著許多這類與宇宙相關的故事。

在靈夢中，我與布希前總統夫婦一同搭乘幽浮並降落於行星上

方才我提到了有關天御祖神的靈夢，所以即便會偏離本書的主題，我還是想趁這機會稍微提一下我做的另一個靈夢。這般內容不太適合作為嚴謹的學問，但我想作為題外話剛剛好。

這是我在去年（二〇一八年）十一月左右所做的靈夢。我鮮少會在夢中遭到綁架，但那一晚，非常罕見地我夢到了那般情境，那大概是半夜兩點到三點之間的夢。

當我有意識時，我已經處在一艘龐大的宇宙船之中。那是一個似乎比一般

幽浮還要巨大，有如大型航空母艦的宇宙船，當時即將降落在某個有著遼闊牧草之地的行星上。

在降落之際，圓盤型飛船的其中一側便大大地打開，像是化為一道走廊一般，或者說呈現出一種類似階梯的模樣。我們慢慢地自宇宙船走下來，並走到了那牧草地。當時除了我之外，還有美國的布希前總統與我同行。那是老布希總統及他的妻子芭芭拉夫人。

他曾在大約一九九二年，波斯灣戰爭結束後造訪日本。並在白天與下一任的天皇陛下，也就是當時的皇太子殿下（德仁親王）等人一起打網球。但據說皇太子比較善於打網球，因此比賽中布希總統被打得落花流水。

之後，電視上播放了他們在晚會用餐的樣子，可是布希總統卻在途中失去意識並昏倒在地。我還記得芭芭拉夫人當時對此解釋是「因為總統網球打輸了，因為與他同一隊的大使打得太糟糕才會輸球」。總之據她所說，布希總統是因為打輸網球而感到疲憊，才會在晚會中昏倒。

「總統失神昏倒」一事，對於國家的形象不是很好，我記得當時那一幕被CNN及其他媒體現場轉播。當時美國所屬的多國聯軍在波斯灣戰爭中打勝仗時，布希總統的支持率高達了百分之九十，所以理應能夠連任。然而，他在日本「突然昏倒」，且被民眾透過轉播目睹了這般景象，被人們認為「很難堪」，繼而在下一屆總統選舉中，輸給了較為年輕的柯林頓總統。照理來說，擁有超過九成支持率的人不太可能會落選，然而卻因為那般難堪的事件，他便敗選了。

總之，那一場夢令我感到不可思議。因為我鮮少會在夢中與美國的總統夫婦一同前往其他行星，真的讓我匪夷所思。

然而，不到一個月之後，老布希總統便離開了人世。我當時並不清楚他的身體狀況，但那段期間他正在住院，且身體狀況正處於極度惡劣、接近植物人的狀態。且當時他的夫人也已經早他一步先離開了人世。

我在夢中就是與這兩人一同到了不知道是哪個行星的地方，並在幽浮降落並開啟之時，看到了一片遼闊的草原。

就像在幽浮綁架中常見的場景一樣，那片草地上也同樣出現了牛隻，合計有十六頭牛。

其中我特別看到了兩頭牛，倒在地上口吐白沫，而且不知為何，我竟然能夠辨別出其中一頭的品種為「阿波牛」。那是德島縣的品種的牛。我雖然不太清楚另一頭的狀況，但我清楚認識到有一頭阿波牛倒在地上。

至於其他牛的品種為何，我不太清楚。但除了那兩頭牛以外，其他牛都在健康地吃著草。

我深刻記得我在夢中與布希夫妻兩人一同降落於那片草地上，而且我也有印象在深夜中，我向紫央（總裁輔佐）說了這件事。

由於老布希總統在我做完夢不到一個月便離世，令我不禁認為「咦？搞不好那夢境是真的。我們是不是都靈魂出竅，被招待去那個地方了呀」。他或許認為我鮮少有機會搭乘幽浮，所以才載我體驗了一趟。

不過，為何唯獨那一隻阿波牛會倒地並口吐白沫，這部分令人感到有些費解。那或許存在著某種意圖，但我並不知道其確切理由。

說個題外話，這是我在商社時代所發生的事。在我學生時期得到某商社的錄取通知以後，我曾在正式上班前，先在公司見習了一陣子。那時人事部的人給我取了一個「阿波的猛牛」的綽號，或許那是在調侃我吧。

總而言之，我夢見了如此逼真的一場夢。

在夢中，有著鮮明的綠色，牛隻黑白交錯的圖樣也很清晰，且就連阿波牛口吐白沫地的樣子亦是歷歷在目。我也清楚記得布希前總統與芭芭拉夫人之間對話的模樣。所以那應該是以「幽體脫離」的形式所夢到的夢，而非肉體實際去到了那裡。

我是在去年十一月左右，經歷了像這樣子的靈夢。

今後內閣與皇室都將可能迎接嚴峻的局面

此外，皇室的改朝換代之後會有何種變化，我想人們對這變化都抱著期待，並且安倍首相也應該想藉著明年（二〇二〇年）的東京奧運來振興景氣，加速「安倍的泡沫經濟效果」（說法當時）。

為了不要辜負人們的期待，我不可透漏太多訊息，但根據從外星人那邊所聽聞的資訊，他們都異口同聲地說「今年跟往後的局勢都會變得很嚴峻」。

不過，他們也同時表示「嚴峻的狀況持續下去，對你們而言未必會是逆風」。未來固然嚴峻，但也意味著我們有著待完成的工作與使命。

他們也表示「內閣與皇室都將迎接嚴苛的局面」，或許那指的是某種「國難」。內憂外患當中的「內憂」，與皇室有相關的部分現正嚴重動盪著。

上皇及其子孫都出現了各種問題，所以國民對於皇室的尊崇之念或者是信仰心，正慢慢地動搖。換句話說，人們因為認為皇室「宛如一般人」、「如同普羅大眾一樣」，又或是針對皇室所進行的儀式費用，是否可用人民納稅的錢來支付的問題，秋篠宮親王表示「不應使用公帑，而應使用私費來處理」。如此發言也導致後續發生的其他問題，這被外界稱為「秋篠宮之亂」。

因此，接下來皇室可能將面臨動盪的時期。

秋篠宮親王是皇嗣，是繼承皇位的第一順位，因此下一位天皇若發生了什麼事情，他或許就會成為天皇。

現今，皇室正推動能夠讓現任天皇成為「上皇」的「在世讓位」的制度。現在僅有秋篠宮家有兒子，德仁親王那邊則是只有女兒。

根據皇室規範，皇位必須由男子繼承。因此，若是將來想將皇位讓秋篠宮家的兒子，就只能是德仁殿下進行「在世退位」成為上皇，再由秋篠宮親王接下皇位。或者是，如果德仁殿下發生了不測，無法作為皇室代表遂行工作的話，秋篠宮殿下就會成為下一代天皇。我想皇室對於如何將皇位繼承給下一代男子，應該有一些想法才是。

當以這樣的角度思考時，我就能理解為何秋篠宮殿下會說「在先前的平成時代，曾為了大嘗祭浪費二十二億元的公帑，所以皇室應該要運用私費，更簡單地進行這些儀式才對」。

或許他認為「反正哥哥的任職期間肯定會很短，所以要盡量地節省公帑。畢竟我遲早會接下這皇位」，進而「丟出了這一球」也說不定。若他是抱持著這般意圖，那麼先前他的發言就會合乎邏輯。

我隱約感覺到秋篠宮殿下是在暗示「我才是真正能夠繼承天皇制度的繼承者，所以別花掉那麼多錢」。或許在他們兄弟之間、親子之間的關係出現了動盪。

平成時代的天皇陛下與安倍政權的關係

此外，這雖然僅是我的推測，但自從安倍首相於平成時代復出之後，現任的天皇陛下（明仁）與安倍政權之間有著一些摩擦。

雖然天皇不被允許說出心底話，但我猜想他心中想法，應該比較接近三代以前的民主黨政權。

畢竟他從小就接受「遵守憲法」、「不應改變憲法第九條」、「和平主義」等反戰、和平主義的想法，也曾切身感受到國家被佔領、自己的性命遭受威脅的危機。因此，他的想法或許比較接近民主黨政權、立憲民主黨的想法。

他之所以會在世便退位，或許就是因為「不想再看到安倍的臉」。他可能對每逢國會召開，都必須和安倍首相打招呼感到厭煩，我想多少有這樣的因素。

我會這麼猜測，是因為有一次當安倍首相要召開國會時，明仁殿下曾讓安倍首相等人足足等待三天的時間。當時，由於明仁殿下正在葉山的別墅中靜養，為了不要打擾他的靜養計畫，我記得安倍首相延後了三天才召開國會。在此之前，我並沒有看過皇室有過那般作法，因此我才會猜測明仁殿下應該是「不想看到他的臉，不同意他的做法」。

對現任的天皇來說，或許是認為現在的政權已逐漸朝向軍國主義化，所以才會選擇退位。甚至說得難聽一些，應該是想藉此「阻擾」自民黨的活動吧。

接下來，雅子殿下將作為「參謀」，接下皇后之位，下一代天皇夫婦對種種問題究竟會如何應對，還不能過於樂觀看待。

希望神道不要成為「一神教」般的國教，而是維持「信教的自由」

此外，根據本會過去所進行的靈性調查，德仁親王的前世似乎是在壇之浦之戰中死去。並且他當時的母親「建禮門院」，在平家滅亡之時投水自盡，而她似乎轉世為現在的美智子陛下，所以今後皇室可能會面臨一些危機。

然而，現階段皇室與民主主義，也只能在糾葛當中運作。

本會時常提及天御祖神、天照大神，但人們若過於露骨地相信某個特定神道的神，這將難以與民主主義共存。因此，我終究認為神道還是必須建立在「信教的自由」之上。

如果神道恢復到二次大戰以前的「天皇一神教」，那肯定會受到世間的反彈。我認為神道應該繼續維持在一個「抽象性的象徵」。

若是再講述更多關於皇室之事，我想可能會有所冒犯。

現今他們還在討論如何命名下一個「年號」（說法當時），但安倍首相在年初的施政方針講演當中，可疑地引用了中國的古典，所以在那之中或許隱含著與下一個年號有關的提示。

安倍所講述的詞語是來自「天會成就」的「天成」一詞。現在是「平成」，也就是「平穩地成就」之意。「天會成就」即有著「天的旨意將會成就」、「天意將實現」等意思，所以我推測皇室應該會很中意這樣的詞語才對。目前皇室已篩選出大約三個候補年號，並預計在四月一日進行發表。

雖然我認為不應該太過於批判皇室，但若是皇室恢復以前的「一神教國家的神道」，那就難以接受了。現在實施的「政教分離」，其實對本會來說也算是阻礙，但皇室制度若恢復為二次大戰以前的「作為國體的天皇家族」、「作為現人神的天皇」，那恐怕將與愛爾康大靈信仰相違背。

日本政府曾解釋「國家神道並非宗教」，同時卻也鎮壓了其他宗教。所以我的理解是「政教分離」終究是為了預防那般問題，繼而才會在戰後被訂定為憲法。

關於這部分，我希望能繼續維持「信教的自由」。

或許說的不是很具體，但以上內容是我目前的感受。

Q2 究竟能揭開多少宇宙神的祕密？

提問者B　今天非常感謝您賜予我們這寶貴的機會。

您在法話當中有提及主愛爾康大靈與天御祖神之間的關係，並且您也賜予了我們「織女座的主神赫姆的靈言」，但我們還是無法理解神明之間的關係及工作分配等。

或許作為宇宙神的愛爾康大靈統籌著諸神的存在，能否請您在可能的範圍內揭示這方面的祕密，麻煩您了。

現今，本會與宇宙之間的關係越來越靠近

大川隆法　這部分其實有點難以回答。

地球以及地球周圍的靈界，是一個從四次元、五次元、六次元、七次元、八次元，到九次元，以洋蔥般的形狀將地球包覆在內的世界，至今這三十年左右以來，我都是如此形容。

然而，大概是在去年（二〇一八年）夏天以後，或者是在稍微更早以前，幸福科學本會與宇宙之間的關係開始變得非常緊密。我想這是早被安排之事，在某種程度上已確立了作為宗教的一定地位與規模，將開始踏出下一步。

地球靈界明明是以到九次元為構造，但現在中間彷彿突然開了一個大洞，並像是有根柱子佇立其中。因此我認為地球靈界現在正要開始與更高次元的宇

宙靈界連結，或是說已經在連結的過程當中。

基於人們相信本會對世間的教義，進而構築關於外星人的訊息

如果操之過急，本會就有可能被視為「奇怪的宗教」。因此，必須要先確立這世間的教義，並且保有符合正確歷史的價值觀。

在獲得人們一定程度的信用之下，我們才能夠講述這「宇宙之法」，譬如關於「外星人的話語」，或者「我的教義是如何與宇宙靈界上層有所連結」等內容。

本書當中，天御祖神表示自己是「十一次元」的存在，隨後我記得織女座的主神赫姆便解釋自己是「十三次元左右」的存在。所以一旦開始相互競爭了

起來，就會出現各種說法（笑）。因此，我想現在還是先解讀為那是「他們的說詞」，先不要過於追究其真實性會比較好。

另外，天御祖神似乎與其他宇宙文明也有關連，如有必要他還是會前來地球。他似乎是在一邊觀察著地球的狀況，一邊掌管著其他的星球。

因此，地球靈界已開始與宇宙有一些連動。至今我們雖然都是以高級靈的靈示為主，但最近也開始接收到外星人的靈示，以及來自宇宙的訊息，所以其「風險」也逐漸增高。

外星人巴夏的靈言不僅單一且缺乏廣度

美國有一位叫做「達瑞爾・安卡」（Darryl Anka）的人物，以能夠呼喚外星人而為人所知。有人記得他所呼喚的外星人的名字？

會場男性　那叫巴夏。

大川隆法　啊對，巴夏。當時，作為外星人的靈言，他們在電視上播出了「巴夏的靈言」。就在他坐著進行靈言之時，他便突然開始發出「哦哦哦」的聲音。

他雖然有發行過幾本書，但其「教義」單一且缺乏廣度。雖然那確實有著「外星人的靈言」的形式，但該怎麼看待這內容呢？這程度應該就相當於以前的「希爾弗．伯奇（Silver Birch）的靈言」，或者說是比那還要更簡單的內容吧。過去的確曾經有那般來自外星人的靈言，並且是由在世之人所進行。

不過，本會的靈言所講述的內容豐富許多，所以兩者之間是截然不同的。且達瑞爾・安卡只能與一個人通訊，但本會能夠與複數以上的人進行通訊。

但是巴夏的靈言應該是真實的。

由保羅・麥卡尼的宇宙靈魂所降下的歌曲靈感

在地球人當中，也確實有些人「和宇宙有所關連」，或是其靈魂的分靈居住於宇宙當中。

這些人通常都具有很大的影響力，或是類似於宗教指導者有著相當的影響力。這些人當中多少是有「宇宙靈魂」的。

以近期的人物來說，我們認識到了披頭四樂團的「保羅・麥卡尼」（Paul

McCartney）除了擁有地球的靈魂兄弟姐妹之外，似乎還擁有著宇宙靈魂。

他目前是七十六歲（說法當時），他偶爾會在東京巨蛋舉辦演唱會，但由於他的宇宙靈魂對我們說「你們最好再調查一下約翰・藍儂」，所以我們降下了約翰・藍儂的靈言。

昨天（二〇一九年二月四日），我也正好為了本會的其中一部電影，收錄了名為「Inspiration」（靈感）之歌曲。對此，我請了保羅・麥卡尼的守護靈予以協助。

畢竟歌名上本身有寫著「保羅・麥卡尼守護靈」的字句，於是我的秘書便問我「這是指現在正在世間，披頭四樂團的保羅・麥卡尼的分身嗎？還是宇宙的靈魂呢」。對此，我回答：「啊，那其實是外星人。畢竟如果為了一首歌做出這麼多的解釋，會變得過於複雜，因此我才寫成守護靈，但這其實是從太空船當中所降下來的歌」。

我想應該會是在幾年以後才會播映，但我會開始製作一部名為「愛國女子－紅武士道」（製作總監、原作　大川隆法，二〇二二年上映）的電影。這首歌曲會收錄在這一部電影當中。

我們現在已進展到能自外星人接收歌曲的靈感。赫姆也唱過一些歌曲，所以我想漸漸地已有外星人往地球發送靈感。

因此，在這些足以給予地球等級的影響的人們當中，我想有一些是和宇宙有所關聯的。

約翰．藍儂在生前曾與外星人見面

在解說本會所製作的電影「幽浮學園的祕密」（製作總監 大川隆法，二〇一五年上映）的「補充說明」中也有提到，約翰．藍儂在生前曾與外星人見過面。

他不僅目睹幽浮出現在天空中，在日後遇害的達科他公寓中，也表示自己曾看到昆蟲型外星人。

我們在靈言當中詢問他這件事的時候，他說：「那個外星人就像是一隻獨角仙（笑）。」

他還說「自己曾收到過外星人給的一個類似金球的東西，並且把它送給了知名的超能力者尤里．蓋勒（Uri Geller）。」

既然約翰・藍儂在被暗殺之前，外星人有與他在事前碰面，所以我想他和外星人真的有所關聯。

畢竟像他那般將音樂廣佈至全球數億人，應該是從宇宙接收了某些影響力。若非藉由那股力量，我想他的音樂就沒有辦法廣佈到這種程度。

本會傳道的範圍也還不夠廣泛，所以或許需要請外星人放出一些「電流」給我們才行。

「宇宙的事物」當中隱含著「對未來應有之姿的提示」

我無法指出今後我們能夠走到多遠，但是我認為在營運方面還是要做足萬全的準備。對於能夠以世間常識判斷的領域，我們必須妥善地給出建言，讓人們知道我們並非是脫離常軌的宗教。附帶一提，對於想輕鬆探索之人，我們可以為他們展示宇宙的領域，傳達「我們的教義展開之後，還能看到如此世界」的訊息，這樣的作法或許會比較理想。

「宇宙的事物」當中，存在著許多「對於未來的提示」及「本會在未來的應有之姿的提示」。

並且，作為「宇宙神」和「宇宙靈魂」，我自身尚未掌握全貌，也還沒有完全理解「我自己能關聯到何種程度」。我現在是以肉身存在於世間，所以我無法完全地漂泊在那宇宙當中，但我認為事物的全貌將會逐漸清晰。

當然如果能夠更清楚地闡述是最好的，可是如果等到可以開示之時，我卻罹患失智症的話，那就麻煩了（笑）。所以，我想選擇一個適當的時機，適時揭露這些奧祕。

《天御祖神的降臨》能用於折伏韓國・北韓・中國

總之，《天御祖神的降臨》一書，其實在某種層面上，可以隱晦地作為折服韓國、北韓、中國之用。

中國老是說著「中國有五千年的悠久歷史」，那麼日本只要拚命地說著「日本可是有三萬年歷史」就好了。還可以夠順便跟他們說「稻作也是從日本傳過去的」。

韓國與北韓也主張著「日本文明全是以中國一帶作為起源，經由朝鮮半島再傳至日本」。他們總是強調「自己在日本之上」，並靠著煽動反日情緒，來凝聚國民的意識。但我想本書能成為瓦解其思想的其中一個媒介。

從歐洲及美國的角度來看，他們應該也感到納悶「為何在眾多東洋國家當中，日本的國土明明是那麼微小，卻能如此強勢且強大」。

現在，德國的梅克爾總理也對日本說「歐盟、德國就拜託日本多關照了」（說法當時）。我想人們或許會覺得「德國為何會跑來東方，向這麼小的國家低頭呢」，不過日本與其他東方國家相比，確實是有所差異的。

那差異不僅僅是來自明治維新時期以後，而是因為從久遠以前，日本人就以有著古老文明而感到自豪吧。

出口王仁三郎所撰寫的《靈界物語》一書，總共約有八十卷。這本書是透過口述書寫，而谷口雅春在作者仍在撰稿的時期，加入一同撰寫此書。印象當中，淺野和三郎也參與其中。

《靈界物語》並不算是非常有趣的書籍，我也沒有讀完全部內容。但是，書中出現了猶太人的國王等各地國王，前來向古代的天皇致意的場面。此書透露了人們在古代王朝時代，便已與國外有些許交流。

雖然我不清楚其可信度，但如果幽浮存在於那時代，那麼這些便是有可能發生的事情。又或者，那也可能僅是在靈界當中發生的故事，對此我並不是很確定。總之，日本的歷史文獻當中，有著這樣一本書籍。

今天所講述的內容較為神祕，今後若有什麼可以公開的，我會盡量和各位闡述。

以上是今天的內容。

後記

若僅是透過字面語意來解釋「天御祖神」，那就能解讀為「天父」或「創造神」。若是這樣，其內容就不會僅止於這本書了。

在我的其他著作當中，提到了天御祖神是日本武士道（也可能包含國外）的起源。

這或多或少能夠說明，為何愛爾康大靈會選擇降生於日本。

在他的話語當中，接連出現了正義、禮節、秩序、和諧等話語。

三十多年前，我本來認為日本神道的教義，受到了中國孔子的儒教思想的影響，但倒不如說是儒教接受了天御祖神的教義，卻略過了其靈性思想才較為正確。

總而言之，吹散現代中國的烏雲，也是幸福科學的使命。

二〇二一年　二月二日

幸福科學集團創立者兼總裁　大川隆法

HAPPY SCIENCE

幸福科學集團介紹

幸福科學透過宗教、教育、政治、出版等活動，以實現地球烏托邦為目標。

幸福科學

一九八六年立宗。信仰的對象為地球靈團至高神「愛爾康大靈」。幸福科學信徒廣布於全世界一百多個國家，為實現「拯救全人類」之尊貴使命，實踐著「愛」、「覺悟」、「建設烏托邦」之教義，奮力傳道。

愛

幸福科學所稱之「愛」是指「施愛」。這與佛教的慈悲、佈施的精神相同。信眾透過傳遞佛法真理，為了讓更多的人們能度過幸福人生，努力推動著各種傳道活動。

覺悟

所謂「覺悟」，即是知道自己是佛子。藉由學習佛法真理、精神統一、磨練己心，在獲得智慧解決煩惱的同時，以達到天使、菩薩的境界為目標，齊備能拯救更多人們的力量。

建設烏托邦

我們人類帶著於世間建設理想世界之尊貴使命，而轉生於世間。為了止惡揚善，信眾積極參與著各種弘法活動。

入會介紹

在幸福科學當中，以大川隆法總裁所述說之佛法真理為基礎，學習並實踐著「如何才能變得幸福、如何才能讓他人幸福」。

入會

想試著學習佛法真理的朋友

若是相信並想要學習大川隆法總裁的教義之人，皆可成為幸福科學的會員。入會者可領受《入會版「正心法語」》。

三皈依誓願

想要加深信仰的朋友

想要做為佛弟子加深信仰之人，可在幸福科學各地支部接受皈依佛、法、僧三寶之「三皈依誓願儀式」。三皈依誓願者可領受《佛説・正心法語》、《祈願文①》、《祈願文②》、《向愛爾康大靈的祈禱》。

幸福科學於各地支部、據點每週皆舉行各種法話學習會、佛法真理講座、經典讀書會等活動，歡迎各地朋友前來參加，亦歡迎前來心靈諮詢。

台北支部精舍
台北市松山區敦化北路 155 巷 89 號

幸福科學台灣代表處
台北市松山區敦化北路 155 巷 89 號
02-2719-9377
taiwan@happy-science.org
FB：幸福科學台灣

幸福科學馬來西亞代表處
No 22A, Block 2, Jalil Link Jalan Jalil Jaya 2, Bukit Jalil 57000, Kuala Lumpur, Malaysia
+60-3-8998-7877
malaysia@happy-science.org
FB：Happy Science Malaysia

幸福科學新加坡代表處
477 Sims Avenue, #01-01, Singapore 387549
+65-6837-0777
singapore@happy-science.org
FB：Happy Science Singapore

天御祖神的降臨　記載在古代文獻《秀真政傳紀》中的創造神

天御祖神の降臨　古代文献『ホツマツタヱ』に記された創造神

作　　者／大川隆法
翻　　譯／幸福科學經典翻譯小組
封面設計／Lee
內文設計／顏麟驊

出版發行／台灣幸福科學出版有限公司
104-029 台北市中山區中山北路三段 49 號 7 樓之 4
電話／ 02-2586-3390　傳真／ 02-2595-4250
信箱／ info@irhpress.tw
法律顧問／第一法律事務所　余淑杏律師

總 經 銷／旭昇圖書有限公司
235-026 新北市中和區中山路二段 352 號 2 樓
電話／ 02-2245-1480　傳真／ 02-2245-1479

幸福科學華語圈各國聯絡處／
台　　灣　taiwan@happy-science.org
地址：台北市松山區敦化北路 155 巷 89 號（台灣代表處）
電話：02-2719-9377
官網：http://www.happysciencetw.org/zh-han
香　　港　hongkong@happy-science.org
新 加 坡　singapore@happy-science.org
馬來西亞　malaysia@happy-science.org
泰　　國　bangkok@happy-science.org
澳大利亞　sydney@happy-science.org

書　　號／978-626-95746-6-7
初　　版／2022 年 3 月
定　　價／380 元

國家圖書館出版品預行編目(CIP)資料

天御祖神的降臨：記載在古代文獻《秀真政傳紀》中的創造神／大川隆法作；幸福科學經典翻譯小組翻譯. -- 初版. -- 臺北市：台灣幸福科學出版有限公司，2022.3
352 面；14.8×21 公分
譯自：天御祖神の降臨：古代文献『ホツマツタヱ』に記された創造神
ISBN 978-626-95746-6-7（平裝）

1. 新興宗教　2. 靈修

226.8　　111003319

廣 告 回 信
台北郵局登記證
台北廣字第5433號
平 信

IRH Press Taiwan Co., Ltd.
台灣幸福科學出版有限公司

104-029 台北市中山區中山北路三段49號7樓之4
台灣幸福科學出版　編輯部　收

請沿此線撕下對折後寄回或傳真，謝謝您寶貴的意見！

大川隆法
Ryuho Okawa

天御祖神的降臨

台灣幸福科學出版有限公司

天御祖神的降臨
讀者專用回函

非常感謝您購買《天御祖神的降臨》一書，
敬請回答下列問題，我們將不定期舉辦抽獎，
中獎者將致贈本公司出版的書籍刊物等禮物！

讀者個人資料　※本個資僅供公司內部讀者資料建檔使用，敬請放心。

1. 姓名：　　　　　　性別：☐男　☐女
2. 出生年月日：西元　　　　年　　　　月　　　　日
3. 聯絡電話：
4. 電子信箱：
5. 通訊地址：☐☐☐-☐☐
6. 學歷：☐國小 ☐國中 ☐高中／職 ☐五專 ☐二／四技 ☐大學 ☐研究所 ☐其他
7. 職業：☐學生 ☐軍 ☐公 ☐教 ☐工 ☐商 ☐自由業☐資訊 ☐服務 ☐傳播 ☐出版 ☐金融 ☐其他
8. 您所購書的地點及店名：
9. 是否願意收到新書資訊：☐願意　☐不願意

購書資訊：

1. 您從何處得知本書的訊息：（可複選）☐網路書店　☐逛書局時看到新書　☐雜誌介紹
   ☐廣告宣傳　☐親友推薦　☐幸福科學的其他出版品　☐其他

2. 購買本書的原因：（可複選）☐喜歡本書的主題　☐喜歡封面及簡介　☐廣告宣傳
   ☐親友推薦　☐是作者的忠實讀者　☐其他

3. 本書售價：☐很貴　☐合理　☐便宜　☐其他

4. 本書內容：☐豐富　☐普通　☐還需加強　☐其他

5. 對本書的建議及觀後感

6. 您對本公司的期望、建議…等等，都請寫下來。

IRH Press Taiwan Co., Ltd.
台灣幸福科學出版有限公司